Dieses Buch entstand in Zusammenarbeit mit Science-Lab, Starnberg. Science-Lab ist eine gemeinnützige Bildungseinrichtung, die auf die altersgerechte, moderne Vermittlung naturwissenschaftlicher Inhalte im Kindergarten- und Grundschulalter spezialisiert ist.

www.science-lab.de

Hieronymus Frosch
Faszinierende Experimente für Kinder

Andreas H. Schmachtl, geboren 1971, studierte Kunst, Germanistik und Anglistik in Oldenburg. Einen Gutteil seiner Zeit verbringt er in England, wo die Ideen zu seinen Büchern entstehen. Nicht zufällig geht es darin hauptsächlich um Igel, Mäuse und andere kleine Leute, deren Schutz und Erhalt ihm besonders am Herzen liegen.

Dr. Heike Schettler, Dipl.-Chemikerin, hat im Bereich Physikalische Chemie promoviert und ist Mutter von zwei Kindern. **Sonja Stuchtey** ist Diplom-Kauffrau und sechsfache Mutter. Inspiriert von den drängenden Fragen ihrer Kinder und aus Begeisterung für die Neugierde von Kindern an Naturwissenschaften gründeten beide zusammen im Jahr 2002 die mehrfach preisgekrönte Bildungsinitiative *Science-Lab*. Beide Autorinnen leben mit ihren Familien im Großraum München.

Sebastian Coenen studierte an der Fachhochschule Münster Illustration. Er arbeitet freiberuflich für verschiedene Buch- und Spieleverlage und hat damit sein Hobby zum Beruf gemacht.

MIX
Papier aus verantwortungsvollen Quellen
FSC® C110508

Bildquellen:
Picture-Alliance: S. 18, 31, 32, 36, 40, 42, 50, 81, 83, 88, 90
Imago: S. 17, 43, 59, 60
Sonja Stuchtey: S. 71

1. Auflage 2015
© Arena Verlag GmbH, Würzburg 2015
Alle Rechte vorbehalten
Texte und Illustrationen zu »Hieronymus Frosch«: Andreas H. Schmachtl
Texte und Experimente: Dr. Heike Schettler und Sonja Stuchtey SCIENCE-LAB
Illustrationen der Versuchsanleitungen: Sebastian Coenen, Andreas H. Schmachtl
Gesamtherstellung: Westermann Verlag, Zwickau GmbH
ISBN 978-3-401-70480-7

www.arena-verlag.de

Andreas H. Schmachtl
Heike Schettler, Sonja Stuchtey

Hieronymus Frosch

Faszinierende Experimente für Kinder

Arena

Inhalt

Oh, die Wissenschaft! Liebe Eltern   10
Liebe Kinder! Forscherregeln   11
Ein paar Vor-Worte   13

Kapitel 1: Wunderbares Wasser   17

Warum schmilzt der Schnee im Frühling?   18
   Versuch: Verschiedene Formen von Wasser   19
Warum friert der See von oben nach unten zu?   20
   Versuch: Wasserberge auf dem Becher   20
Wie wird Wasser wieder sauber?   24
   Versuch: Öl und Fett im Wasser   24
   Versuch: Wasserreinigungsanlage   25
Was passiert in einer Kläranlage?   26
Was ist Verdunstung?   28
   Versuch: Wasser gewinnen in der Wüste   28
   Versuch: Salzgewinnung   30
   Versuch: Wo ist das Salz im Eisberg?   33

Woher kommt der Regen?   34
Was ist Nebel?   36
   Versuch: Regen machen   35
Was sagen uns die Wolken?   40
Wie entsteht der Schnee?   42

Kapitel 2: Gewichtige Luft   43

Was kann die Luft?   45
   Versuch: Tauchendes Taschentuch   45
   Versuch: Versteckte Luft   47
   Versuch: Tragende Luft   49
Wie entsteht Wind?   50
   Versuch: Luftballonwinde   51
   Versuch: Die Biogasanlage   54

Frosch-Pupse und Treibhausgase   57
   Versuch: Kohlendioxid herstellen   58

Kapitel 3: Schneller Schall   59

Rechenaufgabe: Wie weit ist das Gewitter wohl entfernt?   60
   Versuch: Das wunderbare Dosentelefon   65
   Versuch: Hörrohr und Flüstertüte   70

Kapitel 4: Es werde Licht   71

Wohin geht die Sonne am Abend?   75
   Versuch: Tag und Nacht   75
Warum werden die Tage im Winter kürzer?   76
   Versuch: Sommertage und Winternächte   76
Wie leuchtet der Mond?   78
   Versuch: Mondphasen   78
   Versuch: Vollmond   80
   Versuch: Mondfinsternis   80
   Versuch: Sonnenfinsternis   81

Kapitel 5: Magischer Magnet   83

Was ist ein Magnet?   86
Wie findet man sich mitten auf dem Meer zurecht?   87
   Versuch: Magnetpole finden   87
Warum zeigt eine Kompassnadel nach Norden?   88
   Versuch: Kompassbau   89
Wie orientieren sich Zugvögel und Wale?   90

Urkunde   92

Oh, die Wissenschaft!
Liebe Eltern,

allein das Wort klingt schon nach etwas Großem. Nun, das ist sie auch. Groß, aufregend, erkenntnisreich. Aber nichts, wovor man Angst haben müsste.

Denn seien wir doch mal ehrlich, jeder große Wissenschaftler hat mal klein angefangen.

Und damit sind wir schon beim Thema. Die »Kleinen« machen es nämlich ganz genau richtig. Sie schauen sich etwas an, fragen sich, warum es so ist, wie es ist … und denken die tollsten Gedanken, bis sie es irgendwann wissen.

Klar, dass dabei manchmal etwas schiefgeht, manche Ideen ein kleines bisschen zu abenteuerlich sind und manch guter Gedanke trotzdem nicht zum Ziel führt. Aber das haben die großen Geister aus Forschung und Wissenschaft auch nicht anders gemacht. Humboldt, Darwin, James Cook und Galileo haben sich fast blind durch eine unbekannte Welt getastet. Ja, wie die Kinder.

Daraus folgt: dass Kinder, denen auch die winzigsten Winzigkeiten nicht entgehen, die alles Verborgene praktisch von selbst aufstöbern und so unendlich viele WARUMs parat haben … die geborenen Forscher sind!

Früher oder später finden sie einfach alles heraus. Das sollten wir eher großen Leute auf keinen Fall verpassen. Das Zusammenforschen und -entdecken kann recht unterhaltsam sein. Außerdem lernt man bekanntlich niemals aus. Und es gibt ja noch so viele Rätsel zu lösen … über die Welt und ihre Bewohner. Im Namen der Wissenschaft, also ran an die Arbeit.

Ihr und euer   Hieronymus Frosch

Liebe Kinder!
Hochverehrte Wissenschafts-Kollegen,

Wissenschaft und Forschung sind eine spannende Sache. Und als echter Forscher muss man manchmal ein bisschen, nun ja, forsch sein, um zu einem sensationellen Ergebnis zu kommen. Trotzdem sollte man stets die eigene Sicherheit beachten. Vor allem, wenn man ein eher kleiner Forscher, Wissenschaftler, Tüftler und Erfinder ist. Hier kommen ein paar Tipps, die ihr unbedingt beachten solltet. Ich tue das selbstredend auch.
Viel Spaß und Erfolg wünscht

Hieronymus Frosch

Forscherregeln
für große und kleine Forscher

1. Essen und Experimentieren passen nicht zusammen.
2. Trinken und Experimentieren auch nicht.
3. Wir nehmen nichts in den Mund.
4. Wir experimentieren dann, wenn ein Erwachsener dabei ist.
5. Kerzen lassen wir am besten Erwachsene anzünden.
6. Kochendes Wasser lassen wir auch am besten die Erwachsenen benutzen.

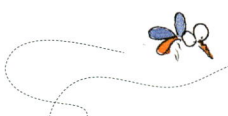

Hieronymus Frosch

Über Amphibien im Allgemeinen und Frösche im Besonderen wurde ja schon viel ganz und gar unwissenschaftlicher Blödsinn geschrieben. Wer wüsste das besser als unser guter Hieronymus. Aber lest selber …

Die Amphibien

Schwanzlurche

Teichmolch
(Triturus vulgaris)

Kammmolch
(Triturus cristatus)

Alpensalamander
(Salamandra atra)

Feuersalamander
(Salamandra salamandra)

Froschlurche

Laubfrosch
(Hyla arborea)

Wechselkröte
(Bufo viridis)

Erdkröte
(Bufo bufo)

Seefrosch
(Rana ridibunda)

Gelbbauchunke
(Bombina variegata)

Grasfrosch
(Rana temporaria)

Ein paar Vor-Worte

In der Klasse der Amphibien unterscheidet die Wissenschaft zwei Ordnungen. Erstens die *Schwanzlurche*. Hierzu gehören alle Salamander und Molche. Und zweitens die *Froschlurche*. Also Unken, Scheibenzüngler, Kröten und eben die Frösche.

Und obwohl manche Leute beim besten Willen eines nicht vom anderen unterscheiden können, behaupten sie hartnäckig, dass in jedem Frosch ein Prinz verborgen sei. Das ist natürlich Unfug.

Denn erstens gibt es auch jede Menge Froschmädchen, die, wenn überhaupt, sicher lieber Prinzessinnen wären.

Zweitens könnte man so viele Prinzen, wie es Frösche gibt, streng genommen gar nicht gebrauchen.

Und drittens steckt in manchen Fröschen viel, sogar sehr viel mehr, als nur ein Krönchen. Tatendrang zum Beispiel, ein unglaublicher Erfindergeist oder eine Unmenge an brillanten Ideen. Und genau solch ein Super-Lurch war Hieronymus Frosch. Auf alberne Spitznamen wie »Ronnie« hörte er übrigens nicht. Da war es ihm schon lieber, wenn man ihn einfach »Frosch« nannte. Immerhin war er ja einer.

Natürlich war er angemessen grasgrün, wie es sich für einen Grasfrosch (also ein Exemplar der Gattung *Rana temporaria*, wie der Wissenschaftler sagt) gehört.

Vor allem aber war Hieronymus ein geborener Tüftler, ein bemerkenswerter Forscher und damit ein wahrer Held. Denn er fand für alle kniffligen Probleme des Alltags eine Lösung, auf die mehr oder weniger die ganze Welt gewartet hatte. Ganz zweifellos.

Hieronymus lebte in der Efeugasse Nr. 12. Genauer gesagt in Familie Butterwecks Garten, und dort wiederum in einem ungemein feuchten Winkel. Vielleicht dem feuchtesten Winkel überhaupt, denn als Frosch konnte Hieronymus nasse Füße ausgesprochen gut leiden.

Damit er auch in der größten Sommerhitze nicht auf ein erfrischendes Bad verzichten musste, hatte Frau Butterweck eine Zinkwanne vor seine Haustür gestellt. Sie war recht alt und ein bisschen beulig (die Wanne natürlich, nicht Frau Butterweck), aber stets voll mit klarem Regenwasser. Mit einem hübschen Teppich aus Wasserlinsen und den Sumpfdotterblumen am Rand gefiel Hieronymus seine Wanne ebenso gut wie der kleine Teich in der Nähe. Eigentlich sogar noch besser. Denn diese Wanne hatte er ganz für sich allein. Was ungemein praktisch war, wenn Hieronymus wieder einmal eines seiner wissenschaftlichen Experimente durchführen wollte. Tolle Entdeckungen machte Hieronymus praktisch pausenlos. Oder er tüftelte und erfand etwas,

das noch spektakulärer war. Dies geschah vor allem in seiner Werkstatt – seinem Lieblingsraum im Froschhaus.

Aber um ehrlich zu sein, WAR die Werkstatt sein Haus. Mehr oder weniger jedenfalls, denn Küche, Wohn- und Schlafzimmer und Werkstatt waren eins. Nur das Klo hatte eine Extratür.

Einen Hüpfer entfernt, unter den Johannisbeeren (den schwarzen natürlich), lebte Emmy Wackernagel, geborene Spitzmaus, mit ihren vier kleinen Wackernägeln. Alles in allem wohnten überhaupt ungemein nette Nachbarn in der Efeugasse. Außer Herrn Wittig von nebenan. Er konnte Hieronymus nicht leiden und machte daraus kein Geheimnis. Immer wieder gab es den fürchterlichsten Streit. Hieronymus nahm ihm das nur gelegentlich übel. Schließlich war Wittig kein brillanter Forschergeist. So wie Hieronymus oder die Damen und Herren des örtlichen Wissenschafts-Klubs.

Und damit sind wir schon beim Thema. Hieronymus hatte sich beim örtlichen Wissenschafts-Klub schon x-mal um eine offizielle Mitgliedschaft beworben. Es wäre doch nett gewesen, die Ergebnisse seiner Forschungen hin und wieder mit ein paar Kollegen zu diskutieren. Aber anscheinend wollten diese Wissenschaftler ihn nicht in ihrem Klub haben. Sie behaupteten, bei einem Vortrag würde ihn sowieso kein Mensch verstehen. Und überhaupt sei ein Frosch bestenfalls ein Forschungsobjekt, aber nie und nimmer ein Forscher. Und dann hatten sie noch gesagt, sein Antrag spräche der Wissenschaft Hohn! Was auch immer das bedeuten mochte.

»Bitte, dann eben nicht«, hatte Hieronymus gesagt. »Sollen diese Klub-Heinis doch denken, was immer sie wollten. Ich werde mir jedenfalls das Forschen, Tüfteln und Erfinden nicht vermiesen lassen!«

Immerhin war er zum Tüfteln geboren. Aber ein ganz kleines bisschen wurmte ihn diese Klub-Sache schon.

Schließlich hatte er erst vor Kurzem durch einen spektakulären Selbstversuch herausgefunden, dass es sich in gefrorenem Wasser ausgesprochen schlecht schwimmen ließ, weil gefrorenes Wasser doch recht hart ist. Man nennt es in diesem Zustand übrigens »Eis«. Eine sensationelle Entdeckung!

Liebe Kinder,

vielleicht braucht Hieronymus nur ein bisschen Hilfe, um die Mitglieder des örtlichen Wissenschafts-Klubs von seinem Können zu überzeugen. Auf tatkräftige Unterstützung würde ein guter Forscher nämlich niemals verzichten!

Hättet ihr vielleicht Lust … und Zeit, hm?

Kapitel 1
Wunderbares Wasser

Wunderbares Wasser

Mit Eis hatte Hieronymus, wie gesagt, schon seine erkenntnisreichen, wenn auch recht schmerzhaften Erfahrungen gemacht.

Dennoch blieb Eis am Ende Wasser. Wie Regen, Schnee und all diese wunderbaren Dinge ja auch. Sogar Wolken bestanden, man stelle sich das nur vor, letzten Endes aus Wasser. Und dieses »Element« war nicht nur überlebenswichtig, es war ein ganz ausgezeichneter Forschungsgegenstand! Hieronymus würde sich umgehend ans Werk machen.

Warum schmilzt der Schnee im Frühling?

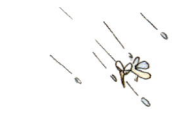

Wasser kommt auf der Erde in verschiedenen Formen vor: als flüssiges Wasser in Bächen, Flüssen und Seen, im Winter als Eis und Schnee, aber auch als Wasserdampf, der beim Kochen oder nach einem Regenguss im Sommer aufsteigt.

Versuch

Verschiedene Formen von Wasser

Das brauchst du:
- Einen Kochtopf und einen Herd
- Etwas Schnee oder einige Eiswürfel
- Einen Esslöffel aus Metall

1. Erwärme den Kochtopf auf dem Herd, und gib den Schnee oder die Eiswürfel hinein. Was kannst du beobachten? Der Schnee oder das Eis **schmelzen** und werden zu Wasser. Und was passiert, wenn du das Wasser weiter erhitzt? Es steigt Dampf auf, das Wasser ist also **verdampft.**

2. Halte vorsichtig den Löffel in den aufsteigenden Dampf. Der Dampf schlägt sich am Löffel nieder. Wenn du den Löffel lange genug in den Dampf hältst, läuft Wasser daran zusammen und tropft wie Regenwasser herunter. Der Dampf hat sich also wieder zu Wasser gewandelt, er ist **kondensiert.**

Wasser gibt es in Form von Schnee, Eis und flüssigem Wasser. Wasser kann aber auch als Dampf auftreten. Wasserdampf kann man nicht greifen oder riechen. Aber du hast ihn bestimmt schon gesehen, wenn in der Küche Wasser gekocht hat. Die verschiedenen Formen von Wasser kannst du ineinander umwandeln, wenn du Wasser erwärmst oder abkühlst. Ein Eiswürfel in einem Getränk ist also nichts anderes als **gefrorenes** Wasser. Wenn er lange genug darin liegt, dann schmilzt er und wird – Wasser.

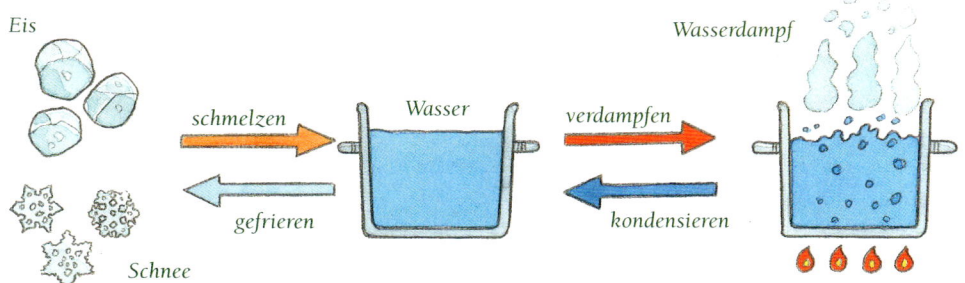

Warum friert der See von oben nach unten zu?

Warst du schon einmal auf einem zugefrorenen See oder Teich Schlittschuh laufen?
Dann hast du dich bestimmt gefragt, wo die Fische sind. Seen und Teiche frieren immer von oben nach unten zu, und die Fische können im Wasser darunter überleben.

Versuch

Wasserberge auf dem Becher

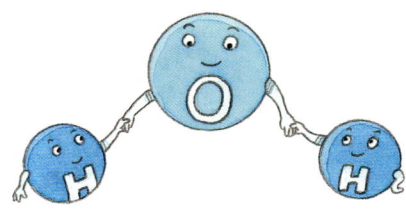

Das brauchst du:
- Ein Gefrierfach im Kühlschrank oder einen Tiefkühlschrank
- Kaltes Wasser
- Leere, saubere Joghurtbecher

Fülle die Joghurtbecher randvoll mit kaltem Wasser, und stelle sie vorsichtig ins Tiefkühlfach. Lasse die Becher mindestens eine Nacht gefrieren.
Was fällt dir auf, wenn du die Becher wieder herausholst? Das Wasser ist zu Eis gefroren und hat sich dabei ausgedehnt.
Das Eis hat einen »Berg« auf dem Joghurtbecher gebildet. Wie ist der entstanden?

Wasser besteht aus vielen kleinen **Wasserteilchen**. Diese kleinen Wasserteilchen kann man sich vorstellen wie mit einem Bauch und zwei Armen. Solange das Wasser flüssig ist, können sie gut aneinander vorbeigleiten. Wenn es kälter wird, können sich die Wasserteilchen nicht mehr so gut bewegen. Sie bleiben auf der Stelle stehen, und ihre Arme werden starr und steif. Die Wasserteilchen können einander nicht mehr so nahe kommen wie im flüssigen Zustand. Deshalb braucht gefrorenes Wasser mehr Platz als flüssiges.

Kein Quaaa(r)k

Anomalie des Wassers

Wasser ist fast der einzige Stoff, der sich beim Abkühlen ausdehnt. Deshalb wird dieses Verhalten auch Anomalie des Wassers genannt. Bei 4 Grad Celsius sind die Wasserteilchen am engsten (dichtesten). Wenn man es weiter abkühlt, entstehen zwischen den Wasserteilchen sogenannte Wasserstoffbrückenbindungen, die den Abstand zwischen den einzelnen Teilchen vergrößern. Deshalb brauchen Eiswürfel mehr Platz als die gleiche Menge Wasser.
Die Teilchen aller anderen Stoffe rücken beim Abkühlen enger zusammen, sodass sich der Stoff zusammenzieht. Das sieht man zum Beispiel beim Kerzengießen, wenn in der Mitte eine Vertiefung entsteht.

Wasserleitungen, die draußen an der Hauswand oder im Garten verlaufen, muss man im Winter leeren und abdrehen. Bei Frost würde das Wasser in der Leitung gefrieren, und das Eis könnte die Leitungen platzen lassen.
Wenn im Frühling das Wasser taut, würde es aus den geplatzten Leitungen austreten und für eine unangenehme Überschwemmung sorgen.

Auch Getränkeflaschen darf man nicht im Gefrierschrank vergessen: Wenn sich die Flüssigkeit darin ausdehnt, können sie platzen! Auf den Straßen wird gefrierendes Wasser im Winter zum Problem, wenn es in den Straßenbelag eindringt. Sobald es darin gefriert, bricht der Beton auf, und es entstehen Risse und Schlaglöcher. Ist die Oberfläche beschädigt, kann das Wasser leichter eindringen, und die Schäden werden von Jahr zu Jahr schlimmer.

Schmutziges Wasser

Bei allem Tüfteln und Forschen mit Fleiß geriet sogar der coolste Frosch in Schweiß. Und dagegen half, jedenfalls in Hieronymus' Fall, wunderbar kühler Waldmeistersaft.
Mmh, Waldmeistersaft.

Aber leider wuchs der beste Waldmeister ausgerechnet in Wittigs Garten. Kein Wunder, dass Hieronymus Herrn Wittichs Garten ab und zu einen klitzekleinen Besuch abstatten musste. Waldmeister war einfach ein Genuss.

Im Gegensatz zu Wittig selber. Gerade jetzt hörte man ihn quer über den Zaun hinweg mit Herrn Butterweck schimpfen.

»Gibt's Ärger?«, fragte Hieronymus, als er Emmy Spitzmaus vor dem Haus traf.

»Japp«, nickte Emmy. »Und wenn mich nicht alles täuscht, geht es wieder mal um dich.«

»Ups«, sagte Hieronymus. Er gehörte tatsächlich nicht zu Herrn Wittigs engstem Freundeskreis.

Fortwährend beklagte sich der Nachbar darüber, dass Hieronymus seine Tauben nervös machte. (Was glatt gelogen war!) Und jetzt hatte Hieronymus angeblich sämtliche Primeln zerhopst.

Dabei hatte Hieronymus nur eine neue Minigolf-Art erfunden. Hier war es dann in der Tat zu einigen unschönen Primel-Zwischenfällen gekommen. Das hätte sogar den Wissenschafts-Klub-Heinis passieren können. Aber es war wohl der falsche Moment, Herrn Wittig darauf hinzuweisen.

»Und räumen Sie diese Zinkwanne weg«, forderte Wittig gerade. »Damit der Frosch endlich abhaut.«

»Ich denke ja nicht daran«, schimpfte Herr Butterweck zurück. »WIR lieben unseren Frosch!«

»Aber ICH«, fauchte Wittig, »will das Biest nie wieder auf meinem Land sehen. Nie wieder!«

Und das hatte Folgen! Denn sorgten die Butterwecks nicht dafür, dass der Frosch verschwand, dann musste Wittig das eben selber tun.

Dir und mir würden solche Dinge wohl gar nicht erst einfallen. Aber der skrupellose Wittig, gar nicht faul, zögerte nicht: Es verschmutzt das Wasser, das wunderbar kühle und ach so nasse Wasser in Hieronymus' Zinkwanne. Ja, er machte es ganz und gar froschuntauglich. Sogar Öl und Fett schwammen auf der Wasseroberfläche.

Doch klar, dass ein großartiger und über alle Widrigkeiten erhabener Geist wie Hieronymus Frosch sofort Gegenmaßnahmen ergreift. Denn ein Forscher-Frosch war nicht so leicht unterzukriegen.

Und seinerseits auch gar nicht faul, richtete er eine geniale Froschwasser-Reinigungs-und-Klär-Anlage ein. Schließlich wollte Hieronymus am nächsten Tag Emmy zum Tee einladen. Und da musste das Teewasser wieder blitzsauber sein.

Wie wird Wasser wieder sauber?

Für uns ist es selbstverständlich, dass aus dem Wasserhahn sauberes Wasser kommt. Es ist so sauber, dass man es sogar trinken kann. Aber woher kommt dieses Wasser eigentlich?

Versuch

Öl und Fett im Wasser

Das brauchst du:
- Ein Glas
- Etwas Öl
- Etwas Butter oder Margarine
- Einen Löffel ◆ Wasser

1. Gib das Öl in das Glas. Gieße nun das Wasser hinzu, bis das Glas halb voll ist. Wo befindet sich das Öl? Es schwimmt oben. **2.** Rühre nun mit dem Löffel gut um, und lasse das Glas eine Weile stehen. Was passiert? Beim Umrühren hat sich das Öl mit dem Wasser **vermischt.** Lässt man es stehen, setzt es sich wieder oben ab. Du kannst es nun vorsichtig abgießen.
3. Kannst du auch Butter oder Margarine zum Wasser hinzugeben? Rühre kräftig um, und warte, bis sich die Butter wieder absetzt. Auch sie **schwimmt** bald wieder an der Oberfläche. **Wie kann das sein?**

Aha!

Fett und Öl sind leichter als Wasser. Deshalb kann man in Kläranlagen Fett und Öl abschöpfen, wenn sie sich nach einer Weile oben abgesetzt haben.

Versuch

Wasserreinigungsanlage

Das brauchst du:
- Groben und feinen Kies
- Sand
- Drei Joghurtbecher mit Löchern im Boden
- Mehrere saubere Marmeladengläser
- Einen Kaffeefilter
- Einen Trichter

1. Fülle die beiden Kiessorten und den Sand in je einen Joghurtbecher, und setze alles so zusammen:

2. Spüle nun deine Wasserreinigungsanlage so lange mit **sauberem** Wasser, bis dieses klar in das Glas unten fließt. Nun kannst du oben **schmutziges** Wasser hineingießen. Welche Verschmutzungen kann deine Anlage herausfiltern?

3. Teste nach und nach verschiedene Verschmutzungen: Nimm zum Beispiel schlammiges Wasser voller Sand und Erde, Wasser aus einem Bach, Spülwasser oder Tee.

Regenwasser ist eigentlich das sauberste Wasser. Es ist noch mit keinem Gegenstand auf der Erde in Berührung gekommen. Allerdings kann das Regenwasser schmutzig werden, wenn es durch Luftschichten regnet, die zum Beispiel Abgase von Autos enthalten. Dann nimmt das Regenwasser diese Gase auf und wird zu sogenanntem »saurem Regen«. Saurer Regen beschädigt Pflanzen und Gebäude.

Kein Quaaa(r)k

Was passiert in einer Kläranlage?

In den Kläranlagen wird mit einem Sieb, dem Rechen, zuerst der grobe Abfall, der sich im Wasser befindet, abgetrennt. Dann können Sand und kleine Steinchen auf den Boden sinken. Wenn diese entfernt sind, bleibt das Wasser in großen Becken stehen, sodass sich der Schlamm unten und Öl und Fett oben absetzen können. Sind diese abgeschöpft und wurde der Schlamm entfernt, kommt das Wasser in große Belebungsbecken. Dort wird Luft durch das Wasser geleitet, und Bakterien werden hinzugefügt. Diese Bakterien fressen den restlichen Schmutz einfach auf.

Das Wasser, das dann aus den Belebungsbecken kommt, ist aber immer noch ziemlich braun. Es muss jetzt in ein weiteres Becken, wo sich der restliche Schmutz unten absetzt. Beim Rauslaufen aus diesem Becken wird das Wasser ein letztes Mal gefiltert und ist so sauber, dass es wieder in einen Fluss oder Bach geleitet werden kann.

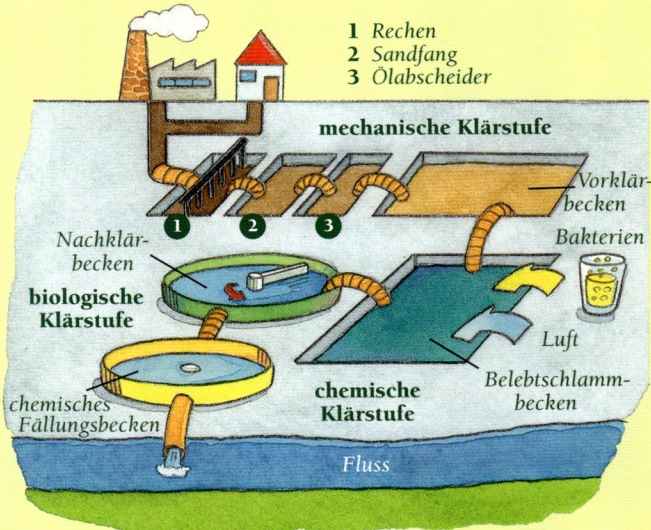

1 *Rechen*
2 *Sandfang*
3 *Ölabscheider*

Wassermacher

Sorgenvoll blickte Hieronymus zum Himmel hinauf.

Seit Tagen war nun schon kein Wölkchen mehr zu sehen gewesen, und die Sonne brannte unbarmherzig auf die Erde nieder.

»Der Acker sieht jetzt schon ganz traurig aus«, stellte Emmy fest. An einigen Stellen hatte die trockene Erde so große Risse, dass die kleinen Wackernägel beinah hineingefallen wären. Es musste wirklich dringend etwas geschehen.

Auch Hieronymus fühlte sich draußen in der Hitze nicht sehr wohl. Zumal er sich wegen des knappen Wassers kaum noch in seiner Wanne abkühlen konnte.

Aber er durfte nicht aufgeben. Die kleinen Wackernägel sollten doch keinen schlimmen Durst leiden. Ein bisschen Wasser musste her. Irgendeine Lösung würde ihm noch einfallen. Er war zwar kein Wetterfrosch, aber Tüftler.

»Denken, Frosch«, sagte Hieronymus zu sich selber. »Denken, denken!«

Da hatte er eine Idee. Ein Geniestreich der Ingenieurskunst. Und vermutlich eine wissenschaftliche Sensation.

Versuch

Wasser gewinnen in der Wüste durch Verdunstung

Das brauchst du:
- Ein großes Marmeladenglas
- Eine Schaufel
- Mehrere Steine
- Ein Stück Kunststofffolie

1. Grabe an einer sonnigen Stelle ein tiefes Loch in den Erd- oder Sandboden. Wenn es tief genug ist, stelle das Marmeladenglas hinein. Jetzt spannst du die Kunststofffolie über das Loch und beschwerst die Ränder mit Steinen.
Die aus dem Loch geschaufelte Erde nimmst du zum Abdichten.

2. Zum Schluss legst du in die Mitte der Folie einen kleinen Stein, sodass die Folie über dem Glas etwas durchhängt.
Wenn die Sonne einige Stunden auf die Folie scheint, **verdunstet** Wasser aus der Erde und schlägt sich an der Folie nieder. Dort laufen die Wassertropfen zusammen und tropfen ins Glas. Wenn du das Glas wieder ausgräbst, hast du ein wenig Wasser darin gesammelt.

Was ist Verdunstung?

Durch Wärme bekommen die Wassermoleküle Energie. Sie bewegen sich schneller und gehen aus dem flüssigen in den gasförmigen Zustand über. Die Wassermoleküle werden von der Luft aufgenommen. Dafür muss das Wasser nicht einmal zum Kochen gebracht werden. Alleine die Sonnenwärme lässt die Erde austrocknen oder das Wasser in Hieronymus' Wanne verdunsten.

Mehr Meerwasser

Nun, immerhin konnte Hieronymus etwas gegen den kleinen Durst tun. Die Wackernägel, und nicht nur die, hatten allerdings sehr großen Durst. Es musste also noch »mehr Wasser« her.

»Mehr Wasser?«, grübelte Hieronymus. »Meerwasser! Klar, das ist die Lösung. Die Ozeane sind doch voll mit Wasser.«

Hieronymus wollte sich mit seinem Flugflitzer aufmachen, Wasser aus dem Meer zu holen. Dabei handelte es sich allerdings um Salzwasser. Und das wiederum war nicht besonders bekömmlich. Wohl wegen des Salzes! Aber darum wollte der Frosch sich kümmern, wenn er mit seinem Flugflitzer und einer gigantischen Tonne voller Meer-Salz-Wasser wieder da war.

Mutig stieg Hieronymus in seinen Flugflitzer, setzte die Schutzbrille auf und trat kräftig in die Pedale.

Die Küste konnte er sogar schon bald erkennen. Ein schmaler Sandstreifen glitt unter ihm hinweg. Dann glitzerte unter Hieronymus das unendliche Meer.

Und so salzig, wie die Luft schmeckte, würde das Wasser vermutlich ganz und gar ungenießbar sein. Doch allen Zweifeln zum Trotz steuerte Hieronymus seinen Flugflitzer bis knapp über die Wasseroberfläche, ließ geschickt die Tonne eintauchen, hob blitzschnell wieder ab und machte sich mit der randvollen Meer-Salz-Wassertonne auf den Heimweg. Noch in der Luft grübelte Hieronymus, wie er das verflixte Salz aus dem Wasser bekommen könnte.

Da hatte er eine großartige Idee. Nun, seht selbst.

Versuch

Salzgewinnung

Das brauchst du:
- Ein Glas
- Streichhölzer
- Einen Teelöffel aus Metall
- Salz ◆ Eine Kerze
- Wasser (warm)

Kann man eigentlich das Salz, das sich im Wasser gelöst hat, auch wieder herausholen?

1. Verrühre Löffel für Löffel Salz in einem Glas mit warmem Wasser. Gib so lange Salz nach, bis es sich nicht mehr im Wasser löst, sondern unten absetzt. Nun hast du eine **gesättigte Salzlösung.**

2. Auf dem Teelöffel **erhitzt** du nun mit etwas Geduld ein paar Tropfen dieser Salzlösung über einer Kerzenflamme. Wenn du den Löffel ruhig in die Flamme gehalten hast, beginnt das Wasser nach ein paar Minuten, zu sieden und zu **verdampfen.** Und was bleibt auf dem Löffel zurück? Das Salz!

So wie im letzten Versuch wird übrigens auch Salz aus dem Meer gewonnen. Das ist besonders lecker zum Kochen. In großen Becken wird Meerwasser gesammelt und den Sonnenstrahlen ausgesetzt. Wenn das Wasser verdunstet ist, bleibt das Salz übrig und kann abgebaut werden.

Das stehende Wasser sieht oft rötlich aus. Das liegt an einem Schalentier, dem Salinenkrebs, das dort lebt und rötlichen Farbstoff ansammelt.

Dumm gelaufen

»Salz haben wir jetzt genug«, sagte Emmy.

»Aber das Wasser ist verschwunden«, stellten die Wackernägel fest. »Spurlos.«

Und Hieronymus, dem das Ganze ehrlich gesagt ziemlich peinlich war, machte verlegen: »Hm.«

Fehlschläge gehören in der Wissenschaft nun einmal dazu. Das war ganz normal. Man musste eben genügend andere Ideen haben.

Und Ideen hatte Hieronymus auch.

Er wollte einen Eisberg einsammeln. Die bestanden nämlich aus Süßwasser! Das hatte er gelesen. Umständlich kramte er den Artikel aus seinem »Fachmagazin für Forscher« hervor.

Kein Quaaa(r)k

Das meiste Wasser auf der Erde ist Salzwasser – rund 97 %! Das kannst du dir so vorstellen: Fülle einen Zehn-Liter-Eimer mit Wasser. Daraus schöpfst du ein kleines Glas Wasser (etwa 0,3 l) ab – so wenig Süßwasser gibt es auf der Erde. Und von diesem Glas gießt du mehr als die Hälfte in einen Kunststoffbecher. Das kannst du dann einfrieren: Denn von dem Süßwasser auf der Erde ist der größte Teil (noch) in Eis und Gletschern gebunden.

Kein Quaaa(r)k

Eisberge schwimmen im Ozean oben auf dem Wasser. Sehen kann man aber nur einen kleinen Teil von ihnen, der größte befindet sich unter Wasser. Wenn man sich einen Eisberg in zehn Teile geteilt vorstellt, dann ragt nur ein einziger Teil aus dem Wasser heraus. Neun Teile sind unter Wasser.

Wichtig ist auch, dass Eisberge und vor allem die Eismassen der Gletscher etwa ¾ des gesamten Süßwasservorrats der Erde bilden. Der größte befindet sich in der Antarktis. Dort ist es so kalt, dass das Meerwasser zu Eisbergen gefriert. Aber warum sind die Eisberge oder Gletscher wie dieser hier dann nicht salzig?

Versuch

Wo ist das Salz im Eisberg?

Das brauchst du:
- Einen Kunststoffbecher
- Wasser
- Tinte oder Lebensmittelfarbe

1. Fülle den Becher ¾ voll mit Wasser, und färbe dieses Wasser mit Tinte oder Lebensmittelfarbe. Dann stellst du den Becher über Nacht in den Gefrierschrank.

2. Was kannst du am nächsten Tag sehen?
Zum einen füllt das Eis jetzt den Becher fast ganz. Es nimmt deutlich mehr Raum ein als das Wasser. Außerdem ist es außen weiß, und alle Farbe hat sich in der Mitte gesammelt.

Wie lässt sich das erklären?
Und was hat das mit dem Salz im Eisberg zu tun?

Im Eis sind die einzelnen Wasserteilchen, Moleküle genannt, weiter voneinander entfernt als im flüssigen Wasser.
Deshalb benötigt Eis mehr Platz als das Wasser in flüssigem Zustand.
Die Moleküle sortieren sich in ein festes **Kristallgitter**.
Darin ist kein Platz für andere Bestandteile wie Farbe oder eben Salz. Diese werden **»weggedrängt«**.
In dem Becher landen sie dann in der Mitte, weil das Wasser von außen nach innen friert.

Im Meer wird das Salz in das flüssige Wasser, also nach außen »gedrängt«. Eisberge sind somit reines Süßwasser.

Der Regenmacher

»Sensationell«, murmelte Hieronymus. Ein Eisberg wäre doch die Lösung. Doch da gab es schon wieder ein winziges Problem. Solch ein Gigant ließ sich nämlich ausgesprochen schlecht von der Antarktis in die Efeugasse schaffen. Mit dem Flugflitzer war das jedenfalls nicht zu machen.

Nein, Hieronymus musste sich etwas anderes einfallen lassen. Am besten wäre es ja ohnehin, frisches Wasser direkt aus der Quelle zu schöpfen.

Regen müsste man machen können, dachte Hieronymus und überlegte weiter. Wo kam der Regen eigentlich her?

Woher kommt der Regen?

Sicher hast du schon oft beobachtet, wie sich der Himmel verändert, wenn Regen im Anmarsch ist. Wie sieht der Himmel aus? Wenn der Regen vorüber ist, bleiben viele Pfützen übrig. Was geschieht mit den Pfützen, wenn die Sonne wieder scheint?

Aus den Wolken fällt das Wasser zur Erde und verdunstet wieder, neue Wolken bilden sich und so fort.

Versuch

Regen machen mit Verdampfen und Kondensieren

Das brauchst du:
- Einen Topf mit Wasser
- Einen Herd
- Einen großen Löffel

1. Setze mit einem Erwachsenen den Topf mit Wasser auf den Herd, und bringe das Wasser zum **Kochen**. Beobachte das Wasser genau. Was geschieht?

2. Es bildet sich **Wasserdampf!** Halte jetzt vorsichtig einen großen Löffel in den Dampf: Was kannst du sehen? Wie fühlt sich der Löffel an? Wo kommt das Wasser her, das vom Löffel tropft?

Hast du das schon einmal woanders beobachtet? Vielleicht im Badezimmer, wenn jemand duscht?

3. Wenn du den Löffel lange in den Dampf hältst, bilden sich Tropfen, und es **»regnet«**. Auch am Spiegel im Bad läuft nach dem Duschen das Wasser herunter. So ähnlich geschieht das auch in der Natur.

Aha!

Genau so wie der Wasserdampf am Löffel bzw. am Spiegel **kondensiert** (das heißt Tropfen bildet), so kondensiert auch das Wasser in der Luft, zum Beispiel an kleinen Staubkörnchen, den sogenannten Kondensationskernen, und bildet Wolken. Wenn die winzig kleinen Wassertropfen groß und damit schwer genug geworden sind, beginnt es zu regnen. Das ist zum Beispiel der Fall, wenn die feuchten Luftmassen an Bergen in kältere Schichten aufsteigen, abkühlen und kondensieren. Das nennt man dann Steigungsregen.

Kein Quaaa(r)k

Was ist Nebel?

Nebel entsteht in kalter Luft und besteht aus vielen kleinen Wassertröpfchen, die so klein und leicht sind, dass sie in der Luft schweben. Es sind eigentlich Wolken, die bis zum Boden reichen. In unserer Luft ist immer Wasser enthalten, man nennt das Luftfeuchtigkeit. Je wärmer die Luft ist, desto mehr

Wasser kann sie aufnehmen. Kühlt warme Luft ab, kann sie nicht mehr so viel Wasser halten, und es entstehen kleine Nebeltröpfchen.

Wolkenfänger

Klar, das Wasser befindet sich in einem steten Kreislauf. Es verschwindet nicht. Es wechselt nur die Form. Hieronymus blinzelte zum wolkenlosen Himmel hinauf.

»Im Grunde ist es also ganz einfach«, sinnierte er wild entschlossen. »Wir brauchen ein paar Wolken. Das sollte doch zu machen sein … für einen genialen Frosch wie mich jedenfalls. Ähem, hüstel, hüstel.«

Wenn Hieronymus sich richtig erinnerte, entstanden die meisten Wolken über der See, weil dort das meiste Wasser verdunstete. Alles, was er tun musste, war, besagte Wolken eben in die Efeugasse zu holen. Und dafür war sein Flugflitzer wieder bestens geeignet. Denn Wolken waren zwar riesig, aber nicht besonders schwer. Jedenfalls bei Weitem nicht so schwer wie Eisberge.

Hieronymus verzog sich in seine Werkstatt. Doch diesmal waren kein Hämmern und Sägen, sondern nur das Schnippeln einer großen Schere und Nähmaschinensurren zu hören.

Und als Hieronymus schließlich den Flugflitzer vors Haus schob, war daran ein großes Bündel befestigt, das wie ein gefalteter Fallschirm aussah.

Die Wackernägel stocherten neugierig daran herum, was ihnen Hieronymus allerdings gleich verbot.

Noch einmal strebte er mittels Flugflitzer dem Meer zu. Den Weg kannte er ja jetzt.

Weiter draußen, wo die Wellen höher schlugen, türmten sich tatsächlich dicke graue Wolkenberge auf.

»Ich wette, da steckt jede Menge Regen drin«, sagte sich Hieronymus. Und genau solch eine Wolke musste er nach Hause bringen.

Um ehrlich zu sein, taten Hieronymus nach all dem Treten schon die Froschschenkel weh. Aber er würde jetzt natürlich nicht schlappmachen. Im Gegenteil. So schnell er nur konnte, flog er den Wolken entgegen. Und je näher er ihnen kam, umso riesiger wurden sie. Eigentlich waren sie sogar … gigantisch.

»Nur Mut, Frosch«, brüllte Hieronymus. Außer den Möwen konnte ihn ja niemand hören. Hieronymus steuerte seinen Flugflitzer sehr geschickt unter den Wolken hindurch und zog auf deren Rückseite einen Bogen nach rechts. Genau in diesem Moment entfaltete sich das Bündel – der welterste *Wolkenfänger*. Mittels einer raffinierten Anordnung verschiedener Stoffbahnen, Schnüre und Seile war es damit nicht nur möglich, große Wolkenmassen zu fangen, man konnte sie auch an einen anderen Ort schaffen.

Die Mitglieder des Wissenschafts-Klubs hätte zweifellos schon bei dem Anblick dieser Sensation glatt der Schlag getroffen. Vollkommen zu Recht, natürlich!!! Nun, zunächst einmal verrenkten sich alle die Hälse, als der winzige Flugflitzer mit seinem riesenhaften Wolkenpaket wieder über der Efeugasse auftauchte.

Herr und Frau Butterweck wussten gar nicht, was sie davon halten sollten, doch die vier kleinen Wackernägel fingen vorsichtshalber auf der Stelle mit einem Regentanz an.

Hieronymus öffnete den Wolkenfänger, und schon schwebten die grauen Wolkenberge frei am Himmel.

Selbstverständlich ging Hieronymus auch bei dieser Sache streng wissenschaftlich vor. Viel zu wissenschaftlich, um es genau zu erklären. Jedenfalls ... regnete es! Und wie!

Die Wassertonnen liefen bald über, und die Pflanzen sahen wieder kräftig aus.

Hieronymus hätte zwar nicht gedacht, dass ganze zwei Wochen Dauerregen in seinen Wolken stecken würden, aber er war ja auch Tüftler ... und kein Wetterfrosch.

Na schön, womöglich war an diesem speziellen Supererfolg aus dem Hause Frosch der Zufall nicht ganz unbeteiligt. Aber ein Erfolg blieb es am Ende doch. Und was für einer. Ganz nebenbei hatte Hieronymus seine Kenntnisse über Wolken, Meer und dergleichen aufgefrischt. Schaden konnte das ganz sicher nicht.

Was sagen uns die Wolken?

Es wäre ja wirklich praktisch zu wissen, ob es gleich regnen wird. Woran lässt sich das erkennen? Man kann zum Beispiel in dem Himmel nach Wolken schauen. Hast du schon einmal bemerkt, dass es verschiedene Arten von Wolken gibt?

An schönen, sonnigen Tagen kann man oft einzelne Wolkenhaufen am Himmel finden. Die sehen aus wie Wattebäusche oder Schäfchen (Bild 1).

Wenn der Himmel von einer Wolkenschicht völlig bedeckt ist und ganz grau aussieht, kannst du sicher sein, dass der Regen kommt (Bild 2).

Dann gibt es noch Wolken wie Federn, ziemlich weit oben im Himmel (Bild 3). Diese Wolkenarten bringen eigentlich keinen Regen. Aber wenn es mehr Wolken werden oder sich der Wolkenberg sehr hoch türmt, kann es bald regnen.

Wenn sich eine große Wolke so auftürmt, dass sie ein wenig aussieht wie ein Amboss, steht ein Gewitter bevor. Da bleibst du besser im Haus (Bild 4). (Ein Amboss ist der Block, auf dem der Schmied das Eisen mit dem Hammer schlägt.)

Wunder im Winter

Hieronymus erinnerte sich an einen kalten Wintermorgen kurz vor dem letzten Weihnachtsfest. Eigentlich war der Winter ja nichts für Lurche. Für sie war diese Jahreszeit zu kalt. Darum zogen sich die meisten von ihnen schon vor dem ersten Frosch, äh, Frost in ihre Winterquartiere zurück, wo sie die dunkle Jahreszeit einfach verschliefen. Oder doch wenigstens in einer Art Dämmerzustand verdösten. Hieronymus Frosch jedoch war nicht wie die meisten Frösche. Einmal wenigstens wollte er seinen Erfinderdrang mit Wintererlebnissen stillen. Also verzog er sich nicht, sondern öffnete an besagtem Morgen seine Haustür, trat hinaus und landete – FLUPP! – in einer dicken, kalten weißen und irgendwie nassen Wand.

»Was …? Äh …«, stammelte Hieronymus verdattert. »Warum komme ich denn bitte nicht aus meinem Haus?«

Der Frosch überlegte fieberhaft, was das für ein fremdartiges Zeug vor seiner Tür sein mochte. Weiß, kalt und nässlich. Womöglich handelte es sich dabei um Quark! Bestimmt war ein Laster in der Efeugasse ins Schleudern geraten und hatte seine gigantische Ladung Quark verloren. Und dieses Zeug hatte Butterwecks Garten vollständig unter sich begraben. Ja, so musste es gewesen sein. Eine fürchterliche SAUEREI! Vor allem, wenn man sich vorstellte, wie viele herrliche Käsekuchen Frau Butterweck aus diesem Quark hätte backen können. Erst als Hieronymus noch einmal gründlich nachdachte, fiel ihm ein:

Es handelt sich wohl doch eher um Schnee. Schnee? SCHNEE! Schlagartig riss der Frosch die Tür auf und betastete das kostbare Zeug. Schnee hatte ihn als Wissenschaftler schon immer besonders interessiert. Wo kam der Schnee her? Handelte es sich tatsächlich um gefrorenes Wasser?

Kein Quaaa(r)k

Und wie entsteht der Schnee?
Wenn es richtig kalt wird und die Temperatur unter null Grad Celsius absinkt, friert das Wasser in den Wolken zu Eiskristallen. Die Kristalle verbinden sich, und es bilden sich Schneeflocken, die immer schwerer werden und schließlich zur Erde fallen. Diese wunderschönen Eiskristalle kannst du an Fenstern oder Bäumen sehen.

Liebe Wissenschafts-Kollegen,

was für ein spannendes Element ist doch dieses Wasser. So erfrischend, interessant, vielfältig, wandelbar und ganz wunderbar – egal in welcher Form. Ständig ist etwas los in meiner Zinkwanne. Wasser ist einfach unverzichtbar, das habe ich schon immer gewusst. Findet ihr nicht auch?
Euer   Hieronymus Frosch

Kapitel 2
Gewichtige Luft

Cool bleiben

Manchmal gibt es schon im Frühling ein paar Stunden, die fühlen sich eindeutig nach Sommer an – und das war Hieronymus alles in allem viel zu warm. Er hatte sich an den Rand seiner Zinkwanne gesetzt und ließ die Beine ins kühle Wasser baumeln. Dabei machte er eine aufregende Entdeckung. Seine Beine waren nicht nur NICHT WARM, sie waren sogar SCHÖN KÜHL. Und das wiederum konnte doch nur eines bedeuten: Nämlich, dass man nur selten schwitzt, wenn man in kaltem Wasser sitzt.

Hieronymus musste den Sachverhalt natürlich zunächst gründlich prüfen, bevor er jemandem davon berichtete. Also schlüpfte er ins Wasser, und … schon war ihm froschkühl. Nur sein Kopf war noch warm, weil der ja aus dem Wasser herausragte. Hieronymus tauchte probeweise ganz unter. Ja, das war besser. Eigentlich war es sogar herrlich.

Am liebsten wäre Hieronymus überhaupt nicht wieder aufgetaucht. Das musste er aber, denn er brauchte ja frische Luft. Und zwar möglichst regelmäßig.

Sobald er jedoch den Kopf aus dem Wasser streckte, wurde ihm wieder sommerlich warm. Da musste sich doch etwas machen lassen!

Natürlich! Er könnte sich eine Taucherglocke basteln. Das war so einfach wie das Abc. Man musste nur ein Glas umgekehrt im Wasser versenken, sich hineinsetzen und konnte dann zum Beispiel ganz entspannt ein Buch am Grunde der Zinkwanne lesen. Und weil die im Glas gefangene Luft das Wasser verdrängte, blieb man dabei sogar trocken.

Was kann die Luft?

Versuch

Tauchendes Taschentuch

Das brauchst du:
- Eine große Schüssel mit Wasser
- Ein Glas
- Ein Papiertaschentuch

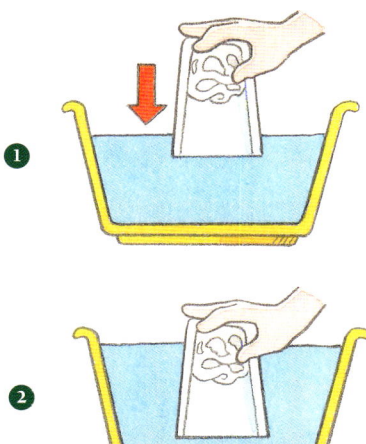

1. Knülle das Papiertaschentuch zusammen, und stopfe es auf den Grund des Glases. Drehe das Glas um, und drücke es ganz gerade in die Wasserschüssel. Drücke es so weit nach unten, dass das Taschentuch auch wirklich »unter Wasser« ist.

2. Wird das Taschentuch **nass**? Wenn du das Glas jetzt ebenso gerade wieder herausziehst, ist das Tuch **trocken** geblieben. Die Luft im Glas hat das Wasser abgehalten!

Auch wenn du sie nicht sehen oder riechen kannst – in einem leeren Glas ist Luft drin! Sie braucht Platz. Nur wenn die Luft aus dem Glas herauskann, kann etwas anderes hinein.

Denken, Frosch

Gesagt, getan. So eine Taucherglocke bastelte Hieronymus Frosch doch im Handumdrehen. Schon hockte er, recht zufrieden, am Grunde seiner Zinkwanne.

Trotzdem konnte Hieronymus die kühle Ruhe hier unten nicht recht genießen. Er dachte nämlich angestrengt über die Luft nach. Es war schon eine merkwürdige Sache mit dieser Luft. Streng genommen konnte man sie weder sehen noch riechen oder hören. Aber sie war zweifellos da. Immerhin hielt sie gerade das Wasser aus der Taucherglocke fern. Und nicht nur dafür war Luft hochnotdringlich und unverzichtbar wichtig. Für jeden Frosch, jeden, ach, überhaupt für uns alle. Aber warum?

»Darüber werde ich als Nächstes nachdenken«, beschloss Hieronymus und holte erst einmal richtig tief Luft.

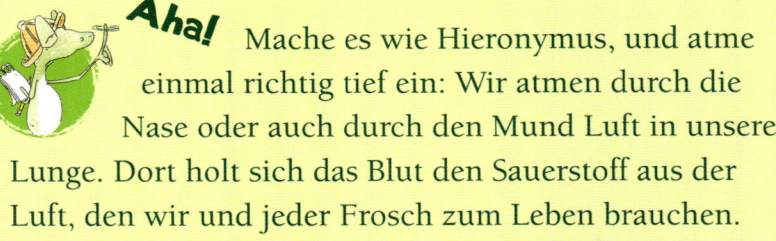

Aha! Mache es wie Hieronymus, und atme einmal richtig tief ein: Wir atmen durch die Nase oder auch durch den Mund Luft in unsere Lunge. Dort holt sich das Blut den Sauerstoff aus der Luft, den wir und jeder Frosch zum Leben brauchen.

Kein Quaaa(r)k

Luft ist für uns eher etwas Abstraktes. Als Bewegung, als Wind können wir sie spüren. Aber ansonsten ist sie für uns kaum gegenwärtig. Dabei ist die Luft einfach fast überall. Wo auch nur ein winziges bisschen Platz ist, wie zum Beispiel hier in einem Zuckerwürfel, versteckt sich dort auch Luft. Luftleere Räume, das sogenannte »Vakuum«, gibt es von Natur aus nicht auf der Erde.

Versuch

Versteckte Luft

Du brauchst dazu:
- Ein Glas mit Wasser
- Ein Stück Würfelzucker

Luft versteckt sich, wir können sie nicht sehen. Ist sie dann auch in einem Stück Würfelzucker versteckt? Was passiert, wenn man den Würfelzucker in das Wasserglas legt? Was siehst du? Schaue genau hin.

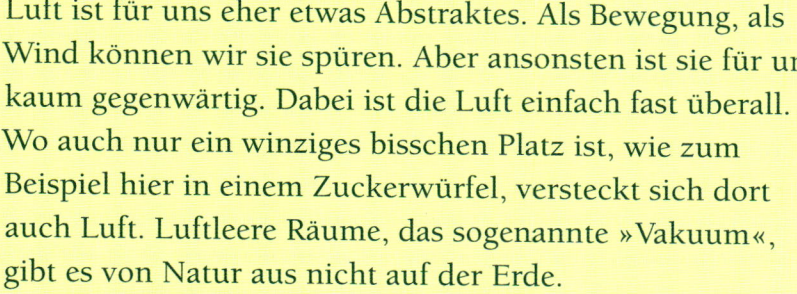

Es steigen klitzekleine Bläschen auf. Immer wieder. Und was sind das wohl für Bläschen? **Luftbläschen!** Aber woher kommt die Luft? Wie ist sie ins Wasser gekommen? Mit dem Würfelzucker. Da war die Luft in allen kleinen Winkeln und Öffnungen versteckt. Und was kann man außerdem sehen? Der Würfel zerfällt. Denn der Zucker löst sich in Wasser. Die Luft wird dabei freigesetzt und vom Wasser verdrängt. Die Bläschen steigen an die Wasseroberfläche.

Starke Luft

»Wenn Luft so stark ist, dass sie sogar Wasser verdrängen kann«, schloss Hieronymus messerscharf, dann kann sie auch etwas tragen. Und wie zum Beweis entdeckte er in diesem Augenblick ein paar Schwalben am Himmel, die pfeilschnell die warme Luft durchschnitten.

Hin und her sausten sie, als wäre das gar nichts Besonderes. Immer wieder tauchten sie auf der Jagd nach Insekten auch zur Erde hinunter und sausten mit einem Zisch an Hieronymus vorbei.

»Irgendwie muss die Luft sie doch tragen«, entschied Hieronymus.

Das stimmte. Frösche fliegen im Allgemeinen nicht sehr gut. Aber es gab diverse Apparaturen zum Fliegen, und Hieronymus kannte sie alle.

Schließlich stammte auch die Erfindung des berühmten Flugflitzers aus dem Hause Frosch. Und der wurde ja auch irgendwie von der Luft getragen. Aber wie konnte Hieronymus herausfinden, wie diese »tragende Luft« funktionierte?

Versuch

Tragende Luft

Du brauchst dazu:
- Zwei exakt gleiche Blätter Papier
- Einen Stuhl oder einen Tisch

1. Eines der Blätter wird zu einer Kugel zusammengeknüllt, das andere bleibt, wie es ist. Stelle dich dann auf einen Stuhl oder einen Tisch (oder an eine andere Stelle, die eine Fallhöhe von mindestens zwei Metern ermöglicht).

2. Dann hältst du das glatte Papier waagerecht in einer Hand und auf gleicher Höhe die Papierkugel in der anderen Hand.
Beides lässt du gleichzeitig fallen. **Welches Blatt Papier ist schneller am Boden?**

Die Kugel ist schneller am Boden, aber nicht weil sie schwerer ist. Schließlich haben wir ja zwei genau gleiche Blätter genommen. Das glatte Blatt Papier wird besser von der Luft getragen. Es hat nämlich mehr **Fläche**. Die Vögel breiten ihre Flügel ja auch aus und vergrößern so ihre »Fläche«, damit sie gut von der Luft getragen werden.

Vom Winde verweht

Hieronymus notierte sich gewissenhaft, was ihm zum Thema Luft noch so einfiel. Beispielsweise, dass es sich mit seinem Flugflitzer umso besser flitzte, wenn man die Luft im Rücken hatte. Kam sie von vorn, hatte man ordentlich zu strampeln. Das war auf einem Fahrrad nicht anders. Und dann notierte sich Hieronymus noch eine Erkenntnis, die er kaum fassen konnte.

Wenn Luft sich bewegt, nennt man sie Wind!

»Sen-sa-tio-nell«, entschied Hieronymus. Einerseits hochzufrieden. Andererseits stellte sich da sofort die nächste Frage. Wie entstand Wind eigentlich?

»Wie soll man so etwas bitte herausfinden?«, fragte sich der Frosch. »Vollkommen unmöglich!«

Eben nicht. Seht selber …

Wie entsteht Wind?

Hast du schon mal an einem heißen Sommertag draußen gespielt, und plötzlich zogen dunkle Wolken auf?

Bevor es so richtig losgeht mit einem Gewitter oder einem Platzregen, fegt ein starker Wind über das Land. Aber warum?

Kein Quaaa(r)k

Wenn die Sonne die Luft erwärmt, steigt sie nach oben. Gleitschirmflieger nutzen diese aufsteigende Luft, um sich mit ihrem Schirm nach oben zu schrauben. Doch wenn viel warme Luft nach oben steigt, ist unten weniger. In diesem Gebiet ist der Luftdruck dann geringer als vorher. Das nennt man Tiefdruckgebiet. Und was passiert umgekehrt? Wenn kalte Luft nach unten sinkt, gibt es unten mehr Luft als vorher. Mehr Luft hat auch einen höheren Druck. Es entsteht ein Hochdruckgebiet. Da in Tiefdruckgebieten sozusagen Luft fehlt und in Hochdruckgebieten mehr Luft da ist, bewegt sich die Luft von Gebieten mit hohem Luftdruck zu Gebieten mit niedrigem Luftdruck. Diese Bewegung der Luft spüren wir als Wind.

Versuch

Luftballonwinde

Das brauchst du:
- Einen Luftballon

1. Blase den Luftballon auf, und halte ihn zu, aber verknote ihn nicht. Wo ist der **Luftdruck** höher – im Zimmer oder im Luftballon? Im Luftballon. Und warum? Du hast Luft hineingeblasen, und die Gummihaut des Ballons hält sie fest. Sie ist also **zusammengepresst.**

2. Und was wird passieren, wenn du den Ballon loslässt?
Er saust durchs Zimmer. Die Luft, die du in den Ballon geblasen hast, wurde zusammengedrückt und hat dadurch einen höheren Luftdruck als die Luft draußen. Sobald du die Öffnung loslässt, **bewegt sich die Luft** aus dem Ballon nach draußen zu der Luft mit dem niedrigeren Druck.

Biogas

Hieronymus war vollkommen erledigt. Denn nach all dem Grübeln und Denken war – Haha! – sozusagen die Luft raus. Aber das war mal sicher: Genau wie das Wasser sollte man die Luft immer schön sauber halten.

Unglücklicherweise fiel Hieronymus jetzt eine Gelegenheit ein, bei der er selber und höchstpersönlich …

Aber lest selber:

»Aaaauuu!«, war durch das offene Werkstattfenster zu hören. Und die Nachbarn nahmen an, Hieronymus hätte sich wieder einmal auf den Daumen gehämmert.

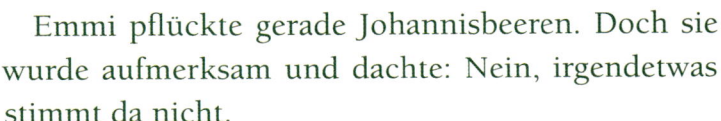

Emmi pflückte gerade Johannisbeeren. Doch sie wurde aufmerksam und dachte: Nein, irgendetwas stimmt da nicht.

Als sie das Froschhaus betrat, fand sie Hieronymus in seinem Bett. Er lag auf dem Rücken, atmete flach und sah ganz grün aus. Also … das üble Grün mit dem Graustich, natürlich.

»Um Himmels willen«, rief Emmy. »Was ist denn mit dir los?«

»Bauchweh«, stöhnte Hieronymus. Und weil er nicht einmal die Augen öffnete, musste es ihm wohl wirklich schlecht gehen.

»Hast du irgendetwas Falsches gegessen?«, wollte Emmy sofort wissen.

Hieronymus schüttelte den Kopf. Diese Frage hatte er sich ebenfalls schon gestellt.

»Aber WAS hast du denn gegessen?«, forschte Emmy.

»Rosenkohl«, stöhnte Hieronymus. »Fürchterlich gesund.«

Das stimmt zwar. Aber Emmy zog dennoch grübelnd die Brauen zusammen.

»Hm, wie viele Röschen hast du denn gegessen?«

»Na ja, ein paar«, antwortete Hieronymus.

»Wie viele sind ein paar?«, fragte Emmy.

»So genau weiß ich das auch nicht«, gestand Hieronymus. »Aber ein gutes Kilo wird es schon gewesen sein.«

»Oh Frosch!«, rief Emmy entsetzt. »Nach einem ganzen Kilo Kohl würde jeder Bauchweh bekommen.«

»Aber er ist doch so gesund«, beharrte Hieronymus, musste sich aber auf die Seite legen, weil sein Bauch so rumorte.

»In Maßen genossen«, erklärte Emmy, »ist Kohl natürlich gesund. Er enthält Vitamine, Eisen, Spurenelemente. Lauter gute Sachen. Unglücklicherweise bläht Kohl auch furchtbar auf.«

Was das bedeutete, musste Hieronymus nun wirklich niemand erklären. Beim Verdauen entstanden verschiedene Gase, die den ganzen armen Frosch von innen aufpumpten. Wie mit einer Luftpumpe. Und wenn er es, wie Emmy behauptete, mit dem Rosenkohl übertrieben hatte, dann ging es in seinem Innern vermutlich zu wie in einer Biogasanlage.

Übrigens eine ganz und gar unglaubliche Erfindung, denn mit so einer Anlage konnte man, wenn man sie richtig nutzte, viel Energie gewinnen (nur eben nicht im Froschbauch).

Versuch

Die Biogasanlage in der Flasche

Das brauchst du:
- 200 g klein geschnittene Küchenabfälle (zum Beispiel Kartoffelschalen, Gemüseabfälle, Salatblätter)
- Fünf Esslöffel Erde oder Kompost
- Etwas warmes Wasser
- Einen halben Brühwürfel
- Einen Teelöffel Zucker
- Einen Trichter, eine Plastikflasche, einen Luftballon und ein Stück Bindfaden

1. Mische die Küchenabfälle, den zerkleinerten Brühwürfel und die Erde gut durch, und fülle das Ganze mit dem Trichter in die Plastikflasche.

2. Gib so viel warmes Wasser dazu, bis die Flasche zur Hälfte gefüllt ist. Darauf kommt noch der Zucker.

3. Zum Schluss ziehst du den Luftballon über den Flaschenhals, sodass die Öffnung **luftdicht** abgeschlossen ist. Binde zur Verstärkung noch ein Stück Schnur um die Flaschenöffnung.

4. Stelle die Flasche an einen warmen dunklen Platz, und warte drei Tage lang ab. Dann müsste sich der Ballon **aufgebläht** haben. Wenn nicht, wartest du noch einmal zwei Tage.

Aha!

Die Biomasse wird in der Flasche von Bakterien zersetzt. Dabei produzieren sie – zusätzlich zu der Luft in der Flasche – noch **Gas.** Bald hat das Gasgemisch in der Flasche keinen Platz mehr. Es strömt in den Luftballon und bläst ihn auf. Genauso wie die Rosenkohl-Gase den armen Hieronymus.

Duftende Winde

»Schön«, hauchte Hieronymus schwach. »Mal angenommen, nur mal angenommen, DU hast recht, Emmy, und ICH habe eine Winzigkeit zu viel Rosenkohl gegessen und nun eine Biogasanlage im Bauch. Was machen wir denn jetzt?«

»Eigentlich können wir nur abwarten«, erklärte Emmy. Sie machte Hieronymus eine Wärmflasche und wickelte sie in ein leicht feuchtes Frotteetuch. Die feuchte Wärme half schon ein bisschen gegen die üblen Krämpfe.

»Fencheltee tut auch gut«, versprach Emmy. »Ein Tee aus Fenchel, Kümmel und Anis wäre natürlich noch wirksamer.« Emmy stellte Hieronymus die Teekanne bereit. Er sollte ihn langsam und nicht zu heiß trinken.

»Es wäre auch nicht schlecht, wenn du dich hin und wieder bewegst, damit die angestaute Luft auch ihren Weg findet. Wenn du verstehst?«

Hieronymus verstand zwar nicht, was Emmy damit sagen wollte. Aber sie war schon auf dem Weg nach draußen.

»An deiner Stelle würde ich heute übrigens keinen Besuch einladen«, riet Emmy noch. »Am besten bleibst du die nächsten Stunden für dich.«

Hieronymus fragte sich, was Emmy damit nun wieder sagen wollte. Warum sollte er denn ganz allein …?

In diesem Moment spürte er, wie der fürchterliche Druck sich ein bisschen nach unten verschob. Sein Bauch tat plötzlich nicht mehr ganz so weh. Dafür sein Darm. Es rumpelte und pumpelte.

Und schließlich wich das ganze Kohlgas mit einem einzigen riesigen ohrenbetäubenden PUUUUUPS aus dem armen Frosch heraus!

Hocherfreut stürmte Hieronymus an Emmys Fenster und rief: »Du wirst es nicht glauben, meine Liebe«, jubelte er. »Aber gerade eben hat sich die ganze Sache …«

»… in Luft aufgelöst«, ergänzte Emmy. »Ich hab's gehört.«

Oh Frosch!

Sofort machte sich Hieronymus Sorgen, die Luft verschmutzt zu haben. Und das tat man, wie alle sagten, besser nicht. Andererseits: Bei den vielen stinkenden Autos, Fabrikschloten und übrigen Maschinen, bei Millionen von rußenden Kaminen und furzenden Kühen, wie schlimm konnte ein kleiner Frosch-Pups da schon sein, hm?

Kein Quaaa(r)k

Frosch-Pupse und Treibhausgase

Die Lufthülle der Erde wird jeden Tag durch die Wärme der Sonne aufgeheizt. Nachts entweicht diese Wärme teilweise wieder in den Weltraum. Was passiert, wenn dies durch die Luftverschmutzung verhindert wird?
Der Frosch-Pups und auch unser Experiment sind tatsächlich nicht so schlimm. Ganz im Gegensatz aber zu den rußenden Kaminen, den Autos, den Kuh-Pupsen und so weiter. Die produzieren nämlich Treibhausgase. Und das ist schlecht. Denn eigentlich ist die Atmosphäre die Schutzhülle unserer Erde. Doch die Treibhausgase lassen die kurzwellige Sonnenstrahlung nahezu ungehindert durch diese Schutzhülle. Die langwelligen Wärmestrahlen aber werden absorbiert. Dadurch wird die Erdatmosphäre erwärmt und unser Klima wandelt sich. In Zukunft wird das starke Auswirkungen auf die Umwelt und unser Leben haben. Die wichtigsten Treibhausgase sind Methan und Kohlendioxid.

Versuch

Kohlendioxid herstellen

Das brauchst du:
- Eine Plastikflasche
- Einen Luftballon
- Etwas Essig
- Zwei Trichter
- Ein Päckchen Backpulver

1. Gib das Backpulver mithilfe eines Trichters in den Luftballon. Fülle die Flasche zu etwa einem Viertel mit Essig.

2. Stülpe jetzt die Öffnung des Luftballons fest über die Flaschenöffnung, und lasse das Backpulver aus dem Luftballon in die Flasche rieseln.

Das Backpulver **reagiert** mit dem Essig und schäumt. Dabei entsteht ein Gas: **Kohlendioxid.** Dieses Gas bläst den Luftballon auf.

Liebe Wissenschafts-Kollegen,

es ist im Grunde ganz einfach. Wie sollen Luft und Wasser uns ein angenehmes Leben bereiten, wenn wir sie mit Dreck versauen, hm? Vollkommen unmöglich. Darum müssen wir sie sauber halten. Wissenschaftlich betrachtet ist das absolut klar, oder … Kollegen?

Euer

Hieronymus Frosch

Kapitel 3
Schneller Schall

Kein Quaaa(r)k

Rechenaufgabe: Wie weit ist das Gewitter wohl entfernt?

Noch etwas gäbe es nicht ohne die Luft auf unserer Erde: den Schall. Der besteht nämlich aus Wellen, die von der Luft weitergetragen werden – und zwar ziemlich schnell. Allerdings nicht so schnell wie das Licht.

Am besten kann man das bei einem Gewitter herausfinden. Die Blitze nehmen wir fast im selben Moment wahr, in dem sie am Himmel zucken. Durch die schlagartige Erhitzung der Luft wird auch im selben Moment eine Schallwelle ausgelöst, der Donner. Doch den Donner hören wir meist erst einige Sekunden nach dem Blitz. Schallwellen breiten sich also langsamer aus als Licht.

Die Schallwellen des Donners brauchen etwa drei Sekunden pro Kilometer. Das ist ganz praktisch zu wissen. So kannst du leicht ausrechnen, wie weit das Gewitter noch entfernt ist: Sobald du den Blitz siehst, zählst du einfach langsam 22, 23, 24. Das sind dann ungefähr drei Sekunden. Wenn du zum Beispiel sechs Sekunden gezählt hast, musst du nur noch sechs durch drei teilen, dann weißt du, wie viele Kilometer das Gewitter noch entfernt ist.

Hallo?!

Schall kann auch noch durch andere spannende Dinge übertragen werden. Aber lies selbst:

Es regnete in Strömen, und Hieronymus wäre am liebsten den ganzen Tag von einer Pfütze in die nächste gehopst. Aber er hatte ja versprochen, Emmys Schneebesen zu reparieren.

Als er nun so vor sich hin schraubte, stand Emmy plötzlich hinter ihm. Klatschnass und wirklich schlecht gelaunt. »Ähem«, räusperte sie sich.

Hieronymus fuhr erschrocken herum. »Ist es denn unbedingt notwendig, dass du bei diesem Wetter in der Gegend herumschleichst?«, fragte Hieronymus.

»Das ist eine ausgezeichnete Frage«, knurrte Emmy, während sie vor sich hin tropfte. »Ich wollte nämlich wissen, ob du mit meinem Schneebesen vorankommst – oder ob ich dich mit einem Grashüpfer-Sandwich unterstützen soll.«

»Aber Emmy«, wunderte sich Hieronymus. »Du hättest doch einfach rufen können. Dein Küchen- und mein Werkstattfenster liegen immerhin direkt gegenüber.«

»Ich habe gerufen. Und wie!«, erklärte Emmy. »Aber du hast nicht geantwortet.«

»Wie soll man eine Spitzmaus bei diesem Geprassel auch bitte rufen hören?«, gab Hieronymus zu. »Vollkommen unmöglich!«

»Ich wollte dir schon eine Schneckenpost rüberschicken«, berichtete Emmy weiter. »Aber selbst den Biestern ist es heute zu nass. Sie kleben lieber an der Hauswand und warten den Regen ab. So geht das nicht weiter, Hieronymus! Wir müssen doch füreinander erreichbar bleiben. Es könnte ja auch mal dringlich sein.«

»Keine Sorge. Ich kümmere mich darum«, versprach Hieronymus. Sobald Emmy mit ihrem reparierten Schneebesen abgezogen war, widmete er sich der neuen Aufgabe. Wie konnten eine Spitzmaus und ein Frosch miteinander sprechen, ohne dabei das Haus verlassen zu müssen? Immerhin waren die Fenster ja ab und zu auch geschlossen. Und die Schneckenpost war tatsächlich nicht sehr zuverlässig. Wenn die Schnecken sich überhaupt mit einem Notizzettel am Häuschen auf den Weg machten, dann nahmen sie oft auch noch den Umweg durch das Salatbeet. Da musste sich doch etwas machen lassen.

»Denken, Frosch«, sagte sich Hieronymus. »Denken, denken!«

Das Denken dauerte diesmal ein bisschen länger als gewöhnlich, was vermutlich daran lag, dass Hieronymus heute noch keinen einzigen Schluck Waldmeistersaft getrunken hatte.

Aber schon nach dem ersten Glas hatte er eine großartige Idee. Ein Meisterwerk der Kommunikationstechnik! Und vermutlich ein Triumph der Wissenschaft. Wenn nicht sogar eine Sensation.

Erneut drangen Hämmern, Sägen und sogar ein bisschen Bohren aus dem Werkstattfenster. Zu allem Überfluss hörte man Hieronymus ständig »Hallo?« und noch mal »Hallo?!« sagen. Das Ganze dauerte ziemlich lange. Doch schließlich klopfte er bei Emmy.

»Was hast du denn dabei?«, fragte sie.

»Das Wunder der Übertragung von Schallwellen mittels zweier handelsüblicher Konservendosen und einer Schnur«, erklärte Hieronymus umständlich.

»Mama, Hieronymus hat ein Dosentelefon gebastelt!«, riefen die Wackernägel.

Hieronymus nickte hochzufrieden und drückte den Spitzmäusen eine der Dosen in die Hand. Die andere nahm er wieder mit in sein Haus hinüber. Zwischen den beiden Dosen spannte eine lange Schnur.

Die Spitzmäuse lauschten an der Dose, während Hieronymus wieder »Hallo?!« sagte.

Dann lauschte Hieronymus an seiner Dose, während die Wackernägel riefen: »Wir können dich hören! Wir können dich wirklich hören!«

»Na, so soll es ja auch sein«, antwortete Hieronymus. »So können wir zukünftig miteinander sprechen, ohne dass einer von uns das Haus verlassen muss. Toll, was?«

»Ja, schon«, antwortete jetzt Emmy. »Aber …«

»Aber was?«, fragte Hieronymus.

»Aber womöglich sehen wir uns dann nicht mehr so oft«, gab Emmy zu bedenken. »Wäre doch schade.«

»Nun, du könntest mich ja per Dosentelefon zum Essen einladen«, schlug Hieronymus vor.

»Klar«, freute sich Emmy. »Komm am besten gleich rüber.«

Das tat Hieronymus dann auch, denn eine Weltsensation musste gefeiert werden. Und das ging mit Klatsch, Tratsch und einem vollen Magen am besten. Da hätten wohl nicht einmal die Mitglieder des Wissenschafts-Klubs widersprochen.

Versuch

Das wunderbare Dosentelefon

Das brauchst du:
- Zwei Joghurtbecher oder Konservendosen
- Eine Rolle Schnur
- Eine Schere
- Einen Nagel und einen Hammer

1. Lasse dir hierbei von einem Erwachsenen helfen: Schlage mit Hammer und Nagel in die Böden der Joghurtbecher jeweils ein **Loch.** Stecke das eine Schnurende durch die Becherunterseite in einen Becher.

2. Ziehe die Schnur ein gutes Stück aus dem Becher heraus, sodass du einen dicken **Knoten** binden kannst. Dann ziehst du die Schnur wieder zurück, sodass der Knoten am Loch hängen bleibt.

3. Nun schneidest du die Schnur so lang ab, wie dein Telefon reichen soll, am besten sind mindestens fünf Meter. Das abgeschnittene Ende der Schnur steckst du auf die gleiche Weise in den zweiten Becher und bindest einen Knoten.

4. Jetzt musst du nur noch die Schnur **straff spannen,** und schon kannst du dich mit deinem Partner unterhalten. Sprich dabei deutlich in den Becher, während dein Partner seinen Becher ans Ohr hält.

Gut gebrüllt!

Ja, das ist schon so eine Sache mit dem Laut und Leise. Dabei ist laut beileibe nicht immer gut. Aber manchmal … ging es eben nicht anders. Der gute Hieronymus konnte davon ein Lied singen. Das tat er schließlich auch. Und zwar sensationell laut.

Aber lest selbst:

Froschlurche sind zu den unglaublichsten Lautäußerungen fähig. Diese reichen je nach Art von einem volltönenden Brummen über verschiedene Pfeiflaute bis hin zu hochfrequentem Trillern. Einfach nur »Quak« sagen Frösche eigentlich nie!

Kreuzkröten und Laubfrösche zählen zu den lautesten einheimischen Amphibien und erzeugen ihre Rufe mit einer Schallblase, die sie bei Bedarf unter dem Kinn aufblähen können.

Unken blasen gleich den ganzen Leib auf.

Und der Seefrosch verfügt über zwei Schallblasen direkt hinter den Mundwinkeln.

Aber bei allen Froschlurchen gilt: Je größer die Schallblase, desto lauter der Ruf.

Grasfrösche haben gar keine Schallblase. Jedenfalls keine, die sich besonders groß aufblasen ließe. Darum können sie allenfalls ein paar unspektakuläre Knurrlaute von sich geben.

Nun, Hieronymus Frosch WAR ein Grasfrosch. Und dass irgendetwas an ihm unspektakulär sein sollte, passte ihm ganz und gar nicht. Immerhin war er seines Zeichens Tüftler, Bastler und Erfinder.

Aber besonders schön oder laut rufen konnte er tatsächlich nicht, das hatte sein Training zum großen Froschkonzert seinerzeit schon gezeigt.

Hieronymus überlegte: Wie soll man als Forscher bitte spektakulär auftreten, wenn man nur unspektakulär knurren kann? Vollkommen unmöglich.

Wie immer, wenn er kurz davor war, eine bedeutende wissenschaftliche Entdeckung zu machen, zog sich Hieronymus in seine Werkstatt zurück.

Nun aber zurück zu der Sache mit dem Schall: Töne und deren Verbreitung gehören in den Bereich der Akustik. Und die wiederum ist ein Teilgebiet der Physik.

In der Physik kannte sich Hieronymus natürlich aus wie in seiner Westentasche. Und er wusste natürlich auch, dass man jeden leisen Ton verstärken kann, indem man ihn sozusagen größer machte. Ein kleiner Laubfrosch zum Beispiel würde jedenfalls ziemlich unspektakulär klingen, wenn er keine Schallblase hätte. Es war alles eine Frage der Resonanz, wie der Wissenschaftler sagte.

»Es ist wie bei einer Gitarre«, erklärte Hieronymus sich selber. »Den eigentlichen Ton erzeugt die Gitarrensaite. Aber der hohle Holzkörper der Gitarre verstärkt den Schall.«

Wie konnte Hieronymus es also anstellen, dass sein Knurren zu einem spektakulären Froschlaut wurde?

»Denken, Frosch«, sagte er zu sich selber. »Denken, denken!«

Und das tat er dann auch. Hieronymus dachte alle möglichen komplizierten Dinge von Schall bis Überschall. Viel zu kompliziert, um sie hier genau zu beschreiben.

Doch schließlich, nach zwei Gläsern Waldmeistersaft, hatte er eine großartige Idee! Vermutlich ein Triumph der Akustik. Und eine wissenschaftliche Sensation!

Durch das offene Werkstattfenster war ein Sägen zu hören, dann ein Hämmern. Anschließend band Hieronymus noch eine Menge Knoten in ein langes Seil. Das konnte man natürlich nicht hören. Und dann, ja dann, ging es endlich los.

Schwer bepackt trat Hieronymus aus seinem Haus und marschierte auf direktem Wege hinter den Gartenschuppen, wo

Herrn Butterwecks Regentonnen standen. Eine davon war fast leer. Also ideal für Hieronymus' Experiment.

»Man wird mich überall hören«, sang Hieronymus vergnügt vor sich hin. »Denn ich bin sehr laut! Ganz unglaublich la-haut!«

Über Äste, Zweige und einen Gartenstuhl kletterte er auf den Tonnenrand und ließ sein Knotenseil hinabgleiten. Außerdem hatte er ein kleines Holzfloß gebastelt, das er in das Wasser am Tonnenboden platschen ließ. Hieronymus sprang hinterher, krabbelte auf das Floß und begann mit den ersten Stimmproben. »Mi«, sang er. »Mi-mi-mi!«

Hieronymus war zufrieden. Die große, fast leere Tonne war ein einziger gewaltiger Schallverstärker. So wie eine Flüstertüte. Nur eben in riesig.

Hieronymus holte tief Luft, blähte die Lungen auf, dass es beinahe wehtat, und knurrte das großartigste Grasfrosch-Knurren, das überhaupt jemals ein Grasfrosch geknurrt hatte.

Der Schall glitt an der Tonnenwand hinauf, verstärkte sich und breitete sich als gewaltige Welle über den ganzen Garten aus.

Die Vögel stoben erschrocken aus den Büschen, Frau Butterweck ließ um ein Haar die saubere Wäsche fallen, und Emmy Wackernagel samt ihrer vier kleinen Wackernägel verschluckte sich beinahe an ihrer Suppe.

Sämtliche Frösche und Kröten im Umkreis von bestimmt drei Gärten und mehr staunten. Ehrfürchtig flüsterten sie: »Donnerwetter. Das klang aber mal spektakulär!«

Tja, und Hieronymus kletterte wie geplant an seinem Knotenseil aus der Regentonne heraus.

»Na bitte«, sagte er hochzufrieden. »Geht doch.«

 **Aha!** Auch du kannst deine Stimme verstärken, wie Hieronymus das ausprobiert hat. Das geht zum Beispiel in einem Fußgängertunnel. Wenn du dort laut schreist, wird der Schall deiner Stimme von den Wänden zurückgeworfen und damit verstärkt.

Sehr gut funktioniert es auch im folgenden Versuch:

Versuch

Hörrohr und Flüstertüte

Das brauchst du:
- Ein Blatt Tonkarton, am besten DIN A3
- Etwas Klebeband

1. Rolle den Karton so zusammen, dass an der einen Seite eine kleine Öffnung entsteht und an der anderen eine große. Klebe beide Enden so fest, dass der Karton in dieser Form bleibt. Nun kannst du das Ende mit der kleinen Öffnung in dein Ohr stecken und alle **Geräusche besser hören.**

2. Achte darauf, die kleine Öffnung so groß zu lassen, dass du hineinsprechen kannst. Nun kannst du das Hörrohr auch als Flüstertüte verwenden und deine Stimme **verstärken,** genau wie der Frosch.

Kapitel 4
Es werde Licht

Plötzlich Nacht

Eines Tages, oder besser gesagt, eines ungemein sonnigen Tages, saß Hieronymus in seiner Werkstatt und schnippte lustlos ein paar alte Schrauben über den Tisch. Ehrlich gesagt war ihm sterbenslangweilig … an diesem ungemein sonnigen Tag.

Die vier kleinen Wackernägel verbrachten heute ausnahmsweise auch den Nachmittag im Kindergarten. Hieronymus hatte vergessen, warum.

Aber Emmy war auch da. Nein, nicht da. Sie war, äh, dort. Also nicht hier. Ihr wisst schon. Jedenfalls war niemand bei Hieronymus, und der langweilte sich fürchterlich … an diesem ungemein sonnigen Tag.

»Wie soll man bitte vor Geist sprühen und sein Genie mit anderen teilen, wenn gar kein anderer da ist?«, sagte Hieronymus zu sich selber. »Vollkommen unmöglich.«

Und obwohl seine empfindliche Froschhaut sich dann am wohlsten fühlte, wenn sie kühl und feucht war, ging Hieronymus schließlich in den Garten hinaus … an diesem ungemein sonnigen Tag.

Er beschattete die Augen, blickte zum absolut ganz und gar wolkenlosen Himmel hinauf, fühlte die gleißende Sonne auf sich herniederbrennen, seufzte und grummelte:

»Wäre auch schön, wenn DIE ein bisschen weniger heftig scheinen würde.«

Und dann geschah es. Langsam, ganz langsam veränderte sich das Licht. Zunächst bemerkte Hieronymus es gar nicht. Auch wenn er das später natürlich anders darstellte. Aber der Sonnenschein ließ eindeutig nach. Obwohl, wie gesagt, keine Wolke da war, die sich womöglich vor die Sonne schieben konnte. Hieronymus blinzelte wieder zum Himmel hinauf. Er war natürlich klug genug, nicht direkt ins Sonnenlicht zu stieren. Das konnte nämlich wirklich schlecht ausgehen. Aber mit einer Sonnenbrille, besser noch mit zweien, konnte er schließlich etwas erkennen.

Da schob sich etwas vor die Sonne. Etwas Großes und irgendwie Halbrundes.

»Was zum …?«, stammelte Hieronymus. Sein Herz schlug bis zum Hals. Immerhin spielte sich da oben eine astronomische Sensation ab. Und er schien es als Einziger zu bemerken.

Der halbrunde Schatten war unterdessen fast rund und deckte die Sonne vollständig zu. Mitten am Tag war es plötzlich, ja, Nacht.

»Das ist …«, Hieronymus schluckte hörbar, »das Ende der Welt. Jetzt geht die Welt unter. Und ich gehe mit. Dabei bin ich viel zu genial. Ach was 'n Jammer.«

Hieronymus tat sich plötzlich sehr leid. Und weil sonst ja keiner da war, vergoss er ein paar Tränen.

Und während er die wiederum wegwischte, wurde es langsam wieder heller. Denn so, wie der Schatten sich vor die Sonne geschoben hatte, gab er sie jetzt wieder frei. Hieronymus prüfte das kurz mittels seiner ein bis zwei Sonnenbrillen und bemerkte: »Außerordentlich seltsam.«

Da kamen die Wackernägel durch den Garten geflitzt und riefen: »Hieronymus, hast du die Sonnenfinsternis gesehen?«

»Sonnen… äh – was?«, stammelte der Frosch verwirrt.

»Sonnenfinsternis«, wiederholte Emmy. »Sag nicht, du wusstest nichts davon. Es stand doch in allen Zeitungen.«

»Sonnenfin… ach ja. Na, ich habe doch nur darauf gewartet«, log der Frosch, ohne rot zu werden.

Allerdings wurde er überhaupt ausgesprochen selten rot. Noch viel seltener schaute er in die Zeitung. Und von einer Sonnenfinsternis hatte er sowieso noch nie etwas gehört. Was mochte das nur sein?

Das war sowieso eine komische Sache mit diesem ständigen Hell und Dunkel. Tags dies, nachts das. Dann wurden die Tage im Winter auch noch kürzer. Die Nächte dafür länger. Das musste doch etwas zu bedeuten haben.

Hieronymus wusste nur nicht, was. Das wurmte ihn, und das würde er auf der Stelle ändern.

Und so ergründete Hieronymus Frosch unter Anwendung einer Reihe einfacher, doch genialer Experimente, wo die Sonne eigentlich hingeht, wenn sie nicht da ist. Nein, nicht da, sondern dort. Also jedenfalls nicht hier. Ach, ihr wisst schon. Und … probiert es selber aus.

Wohin geht die Sonne am Abend?

Über den Tag hinweg kannst du die Sonne an verschiedenen Stellen des Himmels beobachten. Ist dir schon einmal aufgefallen, wo sie morgens zu sehen ist? Und wo befindet sie sich am Abend, wenn du zu Bett gehst? Wo ist sie in der Nacht? Hast du eine Idee, wohin die Sonne geht?

Versuch

Tag und Nacht

Das brauchst du:
- Eine Stricknadel
- Eine Lampe
- Eine Orange/Grapefruit
- Einen Folienstift
- Eine Taschenlampe

1. Nimm dir eine Orange oder eine Grapefruit, und male mit einem Stift einen Punkt auf die Schale. Die Orange ist jetzt unsere Erde, und an dem Punkt wohnst du! Jetzt steckst du die Orange auf eine Stricknadel oder einen Schaschlikspieß.

2. Nun verdunkle dein Zimmer, und schalte ein kleines Licht oder eine Taschenlampe an. Halte die Orange an der Nadel bzw. dem Spieß so vor die Lampe, dass der Punkt gut im Licht liegt. Bei dir ist jetzt **Tag!** Jetzt drehe den Spieß, sodass sich der Punkt langsam von der Lampe wegdreht. Was passiert? Es wird dunkler und dunkler, bis kein Licht mehr an den Punkt gelangt. Jetzt ist bei dir **Nacht.**

Aha! Für uns sieht es also nur so aus, als ob sich die Sonne bewegt. In Wirklichkeit **dreht sich die Erde – und wir mit ihr!** So entstehen für uns Tag und Nacht. Und wenn bei uns in Deutschland Tag ist, ist auf der anderen Seite der Erde, zum Beispiel in Los Angeles in Amerika, Nacht.

Warum werden die Tage im Winter kürzer?

Wenn es Winter wird, werden die Tage kürzer. Immer früher wird es dunkel, und in den Straßen gehen die Beleuchtungen an. Auch am Morgen wird es später hell. Noch im Dunkeln stehst du auf, um zur Schule zu gehen. Woran liegt das? Dreht sich vielleicht die Erde am Tag schneller und dafür in der Nacht ein bisschen langsamer?

Versuch

Sommertage und Winternächte

Das brauchst du:
- Eine Orange/Grapefruit
- Einen Folienstift
- Eine Stricknadel
- Eine Lampe
- Ein Blatt Papier (möglichst DIN A3)

1. Zunächst funktioniert der Versuch so wie der Versuch »Tag und Nacht« auf Seite 75: Die Orange ist wieder unsere Erde, und an dem eingezeichneten Punkt wohnst du! Am besten malst du auch noch eine Linie um die Mitte wie einen Gürtel. Das ist der **Äquator.** Damit kann man eine obere und eine untere Hälfte unserer Erdkugel unterscheiden. Deutschland liegt auf der oberen, der Nordhälfte, Australien auf der Südhälfte, der unteren Halbkugel. Jetzt steckst du die Orange so auf eine Stricknadel oder den Spieß, dass er mitten durch den **»Südpol«** und oben durch den **»Nordpol«** stößt. Verdunkle jetzt dein Zimmer, und schalte ein kleines Licht an.

Nordhalbkugel

Südhalbkugel

2. Halte die Orange an der Nadel bzw. dem Spieß so vor die Lampe, dass der Punkt direkt im Licht liegt. Bei dir ist jetzt Tag! Wie können wir aber sehen, ob es ein Sommer- oder vielleicht ein Wintertag ist?

3. Zeichne dir eine eiförmige Linie auf das Blatt Papier, und stelle die Lampe als Sonne in die Mitte. Jetzt bewegst du die Orangen-Erde langsam auf der Linie einmal um die Lampe herum. So dreht sich auch die Erde um die Sonne. Aber nur ungefähr so, denn wir müssen noch eine wichtige Feinheit beachten: **Die Erde zieht ihre Bahn gekippt!** Du musst also den Spieß etwas kippen.
Halte die Erde jetzt so, dass sie **zur Sonne geneigt** ist, und drehe sie einmal um sich selbst.

4. Wie lange bleibt der Punkt im Licht?
Wiederhole das auf der anderen Seite der Sonne. Wie lange bleibt der Punkt jetzt im Licht? Wenn die obere Hälfte, also die Nordhalbkugel, zur Lampe zeigt, dann ist sie viel länger im Licht, als wenn die Nordhalbkugel von der Sonne weg zeigt!

Aha! **Im Winter** ist die Nordhalbkugel **von der Sonne weg geneigt.** Wenn sich nun die Erde um ihre Achse dreht, erreicht sie das Sonnenlicht deutlich kürzer als im Sommer, wenn die Nordhälfte zur Sonne hin geneigt ist. Das geht sogar so weit, dass es einzelne Tage an den Extrempunkten, den Polen, gibt, an denen die Sonne im Winter gar nicht auf- und im Sommer gar nicht untergeht.

Wie leuchtet der Mond?

Die Sonne wandert also gar nicht. Das sieht nur so aus, weil sich die Erde dreht. Und wie ist das mit dem Mond? Wenn du abends aus dem Fenster siehst, ist er manchmal da, manchmal nicht.

An einem Abend ist er kugelrund, dann wieder eine Sichel. Wird da an verschiedenen Stellen ein Licht angeschaltet?

Versuch

Mondphasen

Das brauchst du:
- Einen Globus
- Eine Lampe
- Einen Faden
- Einen Tischtennisball
- Einen Klebestreifen

1. Erst einmal befestigst du den Tischtennisball mit dem Klebestreifen an einem etwa 15 cm langen Stück Faden. Das ist dein **Mond.**

2. Den Globus stellst du neben die Lampe und dunkelst das Zimmer ein bisschen ab.
Was kannst du zunächst sehen? Es fällt Licht auf eine Seite des Globus. Das ist die **Tagseite** deiner Erde.

3. Wie kommt jetzt der Mond, also der Tischtennisball, ins Spiel? Und wie kommt der an Licht? Er soll doch leuchten! Wenn du ihn neben den Globus hältst, fällt dir sicher auf, dass er jetzt auch hell aussieht. Er wirkt fast wie ein **Spiegel** und wirft das Licht der Lampe zurück. So macht das auch der Mond mit dem **Sonnenlicht.**

4. Und wie sieht man nun den Mond von der Erde aus? Ist er ganz beleuchtet oder nur ein Teil? Wenn man vom Globus aus schaut, ist nur ein Teil des Balls hell, ein Teil ist dunkel.

So sieht der Mond für uns oft aus. Entweder ist er rund. Meistens aber ist er nur halb oder gar nicht zu sehen.

Aha! Der Mond umkreist die Erde. Deswegen sieht er für uns immer anders aus. Wenn sich der Mond zwischen Sonne und Erde befindet, wird er auf der Erdseite, also aus unserem Blickwinkel, gar nicht angestrahlt. Wir sehen ihn dann nicht, obwohl er eigentlich da ist. Das nennt man **Neumond.**

Versuch

Vollmond

Das brauchst du:
- Einen Globus
- Eine Lampe
- Einen Faden
- Einen Tischtennisball
- Einen Klebestreifen

Findest du auch heraus, wann Vollmond ist? Wenn der Mond hinter der Erde ist? Dann bewegt er sich doch im Dunkeln.
Die Erde wird von der Sonne angestrahlt, und sie wirft auf der anderen Seite einen Schatten.
Der Mond bewegt sich meist oberhalb oder unterhalb dieses Schattens.
Lasse also den Tischtennisball nicht um den Äquator, die dicke Mitte, deines Globus kreisen, sondern etwas über und unter der Erde.

Versuch

Mondfinsternis

Und wenn der Mond doch in den Schatten der Erde gerät? Dann ist das eine Mondfinsternis. Versuche es selbst.

Das brauchst du:
- Einen Globus
- Eine Lampe
- Einen Faden
- Einen Tischtennisball
- Einen Klebestreifen

1. Wieder lässt du den Tischtennisball als Mond um den Globus kreisen.
Jetzt beobachte den Ball genau, wenn du ihn **langsam in den Schatten, den die Erde wirft, treten lässt.**
(Du kannst auch einen Mond aus Papier basteln, indem du einen

gelben Kreis ausschneidest und ihn langsam in den Erdschatten schiebst.)

Was ist zu sehen?

Der Schatten des Globus fällt so auf den Tischtennisball, dass er langsam zu einer Sichel abgedunkelt wird, bis er ganz im Dunkeln liegt.

Etwa zwei- bis dreimal im Jahr geschieht es, dass der Mond völlig im Schatten der Erde verschwindet – das ist eine **Mondfinsternis.**

Versuch

Sonnenfinsternis

Übrigens, wenn du den Ball genau zwischen Lampe und Globus hältst, fällt dir dann etwas auf dem Globus auf?

Ein großer Schatten des Mondes! Dieser **Mondschatten** fällt auf die Erde. Das ist eine Sonnenfinsternis.
Die kommt aber nicht oft vor.

Sonnenfinsternis

Aus dem runden Schatten auf dem Mond haben die Griechen in der Antike, also vor mehr als 3.000 Jahren, schon geschlossen, dass die Erde eine Kugel sein muss.

Danach, im Mittelalter, glaubte man, die Erde sei eine Scheibe. Erst in der modernen Zeit fand man heraus, dass die alten Griechen recht hatten.

Kein Quaaa(r)k

Die Erde dreht sich in 24 Stunden einmal um sich selbst. Das rechnet sich um in eine Geschwindigkeit von über 1.600 km/h! So entstehen Tag und Nacht. Der Mond wiederum dreht sich um die Erde und dabei auch um sich selbst. Der Mond benötigt für die Umrundung der Erde genauso lange wie für die Drehung um die eigene Achse. Aus diesem Grund sehen wir von der Erde aus immer dieselbe Seite des Mondes! Zwei-, manchmal dreimal im Jahr kreuzt der Mond bei der Umrundung den Schatten der Erde. Dann verdunkelt er sich und taucht erst nach knapp zwei Stunden wieder aus dem Schatten der Erde auf.

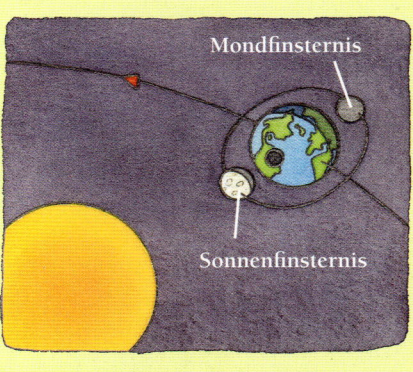

Position des Mondes bei Sonnen- bzw. Mondfinsternis (stark vereinfachte Darstellung)

Liebe Wissenschafts-Kollegen,

habt ihr das auch gemerkt: Bei Neumond und bei der Mondfinsternis können wir den Mond nicht sehen. Aber Vorsicht! Man darf beides nicht miteinander verwechseln. Wisst ihr, warum? Also, ich finde das ganz schön kompliziert. Aber mit den Ball-Orangen-Licht-Umrundungs-Versuchen kann man es dann doch herausfinden.

Viel Erfolg, euer Hieronymus

Nordwärts

Die alles in allem ruhmreiche Geschichte der Wissenschaft steckt immer mal wieder auch voller Zweifel. Gerade jetzt, nach einigen unbedeutenden Fehlschlägen, fragte Hieronymus sich, ob er tatsächlich ein so bedeutender Wissenschaftler war, wie er annahm.

Nun, natürlich war er ein Erfinder. Dutzende, ach Hunderte aufsehenerregender Erfindungen bewiesen das.

Aber war er, Hieronymus Frosch, wirklich so ein großer Forscher und Wissenschaftler wie Humboldt, Darwin und Co? Immerhin hatten diese Herrschaften die Welt verändert. Nun, wenigstens hatten sie die Welt umrundet.

Hieronymus war, von wenigen Ausnahmen wie seinem Wolkenfänger-Abenteuer einmal abgesehen, praktisch nie aus Butterwecks Garten herausgekommen.

Schön, er hatte die eine oder andere Nützlichkeit erfunden. Aber Hieronymus hatte nie ein unbekanntes Land entdeckt. Er hatte keine exotischen Tiere und Pflanzen beschrieben oder fremde Kulturen erforscht.

»Wie soll man bitte wirklich bedeutend sein, wenn man nie über den eigenen Tellerrand schaut?«, fragte sich Hieronymus. »Vollkommen unmöglich!«

Ein Plan war schnell gemacht. Der Frosch wollte hinaus in die Welt, mit seinem Flugflitzer. Warum nicht in Richtung wilder Norden? Vorbereitungen wurden fachkundig getroffen, Emmy und die Wackernägel herzlich umarmt, und dann, es war kaum zu fassen, ging die Hieronymus-Frosch-Expedition tatsächlich los.

Die Nachbarn standen winkend, manche auch schniefend, im Garten, um ihren Lieblingsfrosch zu verabschieden.

»Melde dich mal!«, riefen die Spitzmäuse ihm noch hinterher.

Aber Hieronymus konnte sie nicht mehr hören. Denn seine Freunde, der Garten und die ganze Efeugasse waren bereits verschwunden.

Dafür breitete sich die Landschaft vor ihm wie ein Flickenteppich aus Feldern, Wiesen, Gärten und Hecken aus. Dann kam der Deich in Sicht, dahinter der Strand und dann die See. Hieronymus steuerte abenteuerlustig darauf zu. Denn irgendwo dort begann der wilde Norden. Hieronymus studierte seine Karten jetzt immer genauer. Auf offener See wollte er sich nun wirklich nicht verfliegen.

»Wie soll man denn bitte den richtigen Weg finden, wenn das glitzernde Wasser überall gleich aussieht?«, grübelte Hieronymus. »Vollkommen unmöglich.«

Nun, das hatte er sich vielleicht nicht richtig überlegt. Denn sogar hinter ihm sah die See mehr oder weniger gleich aus. Einfach umdrehen konnte er also auch nicht. Da musste sich doch etwas machen lassen.

»Denken, Frosch«, sagte Hieronymus zu sich selber. »Denken, denken!«

Glücklicherweise hatte er eine Idee. Ein Geniestreich der Navigationskunst. Und vermutlich eine wissenschaftliche Sensation.

Er konnte auf seinen Kompass sehen! Die kleine Nadel zitterte zwar leicht hin und her, zeigte aber schließlich unbeirrbar nordwärts. Und irgendetwas sagte Hieronymus, dass der wilde Norden ebenfalls nordwärts lag.

Schon eine großartige Erfindung, so ein Kompass. Genial und doch so einfach. Aber war es tatsächlich so einfach? Hieronymus erinnerte sich nicht mehr so genau daran, wie der sogenannte Magnetismus funktionierte. Und ehrlich gesagt musste er scharf darüber nachdenken. Erst nach einer Weile fiel ihm Folgendes ein:

Was ist ein Magnet? Aha!

Magnete ziehen Gegenstände aus Eisen an. Sie sind selbst aus Metall und können deshalb leicht in verschiedenste Formen gegossen und so vielseitig eingesetzt werden. Magnete können ihre magnetische Kraft an die Dinge weitergeben, die von ihnen angezogen werden. Dadurch werden diese Gegenstände selbst zu Magneten. Werden sie geschüttelt, verlieren sie ihre magnetische Kraft aber auch schnell wieder.

Wie findet man sich mitten auf dem Meer zurecht?

Schon früh erkannte man, dass man sich anhand des Erdmagnetfeldes orientieren konnte: mithilfe des Kompasses! Besonders wichtig war dieser für die Seeleute auf dem offenen Meer, denn dort gab es sonst keine Orientierungspunkte.

Versuch

Magnetpole finden

Das brauchst du:
- Zwei Stabmagnete
- Einige Büroklammern

1. Halte einen Stabmagneten mal mit der einen, mal mit der anderen Seite an eine Büroklammer.
2. Nimm dann einen zweiten Stabmagneten, und halte beide Magneten mit den Enden aneinander. Nun drehe einen der Magneten um, und halte die Enden wieder aneinander. Was passiert? Beide Seiten der Magnete ziehen eisenhaltige Gegenstände gleich gut an. Hält man sie aber gegeneinander, **so stoßen sie sich mal ab, mal ziehen sie sich an.** Gleichartige Seiten stoßen sich ab – gegensätzliche Seiten ziehen sich an.

Meist sind die beiden Enden eines Stabmagneten farblich markiert.
Eine Seite wird als **Nordpol** gekennzeichnet. Die andere Seite bezeichnet man entsprechend als Südpol.

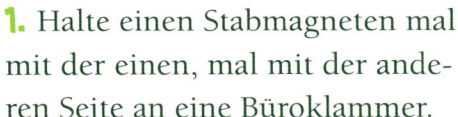

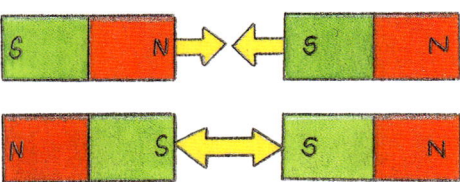

Auch auf der Erde gibt es einen Nord- und einen Südpol. Die Seefahrer wussten das und nutzten es für ihre Fahrten auf offener See. Denn eine Magnetnadel richtete sich immer in Nord-Süd-Richtung aus. Deshalb bezeichneten sie das Ende, das nach Norden zeigt, als Nordpol.

Kein Quaaa(r)k

Warum zeigt eine Kompassnadel nach Norden?

Mit einem Kompass kann man sich überall zurechtfinden: Die Magnetnadel zeigt immer nach Norden. Warum ist das so? Die Erde enthält einen Kern aus Eisen. Und Eisen ist magnetisch. Das flüssige Eisen aus dem äußeren Erdkern sorgt dafür, dass die Erde von einem Magnetfeld umgeben ist. Unsere Erde ist also eigentlich ein riesiger Magnet. Deshalb richten sich alle anderen Magnete stets nach dem Erdmagnetfeld aus.

Da das flüssige Eisen für das Magnetfeld sorgt und da es sich bewegt, kann sich im Laufe von Jahrtausenden das Magnetfeld der Erde verändern, ja sogar umdrehen.

Das letzte Mal hat sich das Erdmagnetfeld vor 780.000 Jahren umgedreht, und Forscher vermuten, dass es sich im nächsten Jahrtausend (zwischen den Jahren 3000 und 4000) wieder umkehrt. Dann würde die Kompassnadel nach Süden und nicht mehr nach Norden zeigen.

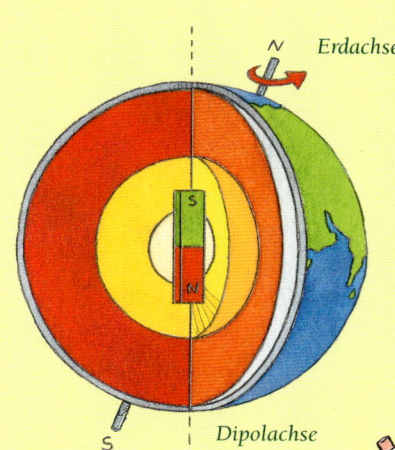

Magnetische Nadel

Weißt du, wie man eine Nähnadel magnetisch macht? Indem man einen Magneten daran hält. Nimmt man den Magneten weg, ist die Nadel schnell nicht mehr magnetisch.
Etwas länger hält die magnetische Kraft, wenn man mit dem Magneten mehrfach der Länge nach an der Nadel entlangfährt.

Versuch

Kompassbau

Das brauchst du:
- Ein Schälchen von etwa 10 cm Durchmesser
- Einen Stabmagneten
- Eine Näh- oder Stopfnadel
- Einen Korken
- Etwas Klebeband

1. Streiche mit einem Magneten 30- bis 50-mal in einer Richtung über die Näh- oder Stopfnadel. Fülle das Schälchen halb voll mit Wasser.

2. Schneide eine etwa 3 mm dicke Scheibe von dem Korken ab. Klebe die Nadel mit etwas Klebeband auf den Korken, und lege ihn in die Schüssel. Was passiert mit dem Korken? Und was geschieht, wenn du die Schüssel drehst?

Aha! Der Korken dreht sich und bleibt in einer Position stehen. Auch wenn man die Schüssel dreht, wird sich die Nadel wieder in dieselbe Richtung ausrichten. **Die Nadel ist zum Magneten geworden,** der vom Erdmagnetfeld beeinflusst wird. Sie zeigt die Nord-Süd-Richtung an.

Kein Quaaa(r)k

Geografischer und magnetischer Nord- und Südpol

Die Spitze des Kompasses, die in Richtung Norden zeigt, wurde früher als Nordpol bezeichnet. Damals wusste man aber noch nicht, woher der Magnetismus kommt und wie er funktioniert. Erst später erkannte man, dass ein Nordpol einen Südpol anzieht. Somit ist am geografischen Nordpol eigentlich ein magnetischer Südpol.

Wie orientieren sich Zugvögel und Wale?

Auch Tiere orientieren sich am Magnetfeld der Erde. Wale zum Beispiel haben einen inneren Kompass in ihrem Körper, dank dem sie den Weg zu den Futter- und Brutplätzen finden. Wenn sich das Magnetfeld verändert, kann es passieren, dass Wale zu nah an Küsten kommen und sogar stranden.

Auch Zugvögel, also Vögel, die im Winter eine warme Gegend aufsuchen, orientieren sich mithilfe des Erdmagnetfeldes. Sie haben so etwas wie einen Kompass im Auge. Dieser Kompass stellt sich auf die Flugrichtung ein, wenn die Sonne untergeht. Wenn sie dann in der Nacht losfliegen, »spüren« sie die Richtung. Dann fliegen die ältesten und erfahrensten Vögel voran und die jungen hinterher. So lernen die jungen Vögel jedes Jahr ein Stück mehr von der Landkarte. Manche Vögel fliegen dabei riesige Entfernungen, zum Beispiel von Europa nach Hawaii.

Zu guter Letzt

Hieronymus' Expedition war tatsächlich ein großer Erfolg. Aber davon soll ein anderes Mal erzählt werden.

Als er wieder nach Hause kam, hatte er der Wissenschaft eine solche Reihe großartiger, ganz und gar sensationeller Erkenntnisse beschert, dass auch der örtliche Wissenschafts-Klub nicht mehr anders konnte, als ihn endlich zum Mitglied zu ernennen. Mit Urkunde und allem Drum und Dran.

Gerührt und den Tränen nahe hielt der Frosch eine kleine Rede. Hier ist sie nachzulesen:

Hochverehrte Klub-Mitglieder,

ich bin zutiefst geehrt. Und ich habe diese Urkunde zweifelsohne verdient, denn meine wissenschaftliche Arbeit ist nun einmal, ähem, genial. Allerdings hatte ich ein bisschen Hilfe. Damit meine ich natürlich euch, liebe Kinder und Wissenschafts-Kollegen. Und darum … wollen wir uns diese Urkunde teilen.
Vielen Dank für eure Hilfe.
Und weiterhin jede Menge Spaß beim Tüfteln, Forschen und womöglich beim Erfinden.

Euer   Hieronymus Frosch

Urkunde

und **höchste Auszeichnung**
für unseren hochgeschätzten Forscher

Hieronymus Frosch

und seinen
herausragenden Wissenschafts-Kollegen

_____
(Name)

für

hervorragende Forschungsarbeit

im Jahr

_____

gez. der Örtliche Wissenschafts-Klub

Andreas Schmachtl
Hieronymus Frosch

Darauf hat die Welt gewartet

Das hat die Welt noch nicht gesehen

Einen halbautomatischen Einpersonen-Abkühlungsregner? Eine unsichtbar machende Waldmeister-Sonnencreme? Kein Problem, so etwas erfindet ein Tüftler wie Hieronymus Frosch fast im Schlaf! Doch seine wichtigste Erfindung ist die streng geheime Entwicklung eines richtigen Flugflitzers. Kein Wunder, dass sein schlimmster Widersacher, der fiese Mistfrosch Nick, alles versucht, diese Aufsehen erregenden Pläne auszuspionieren.

Hieronymus Frosch ist einfach genial! Denn so aberwitzige Erfindungen, wie er sie in seiner Werkstatt zusammenbastelt, hat die Welt noch nicht gesehen. Außerdem untersucht der Erfinderfrosch die Geheimnisse eines undurchdringlichen Nebels und rettet schließlich auch noch seinen Widersacher, Mistfrosch Nick, aus größter Gefahr. Und dann will er mit seinem Onkel Aquarius auch noch die Tiefsee erforschen …

136 Seiten • Gebunden
ISBN 978-3-401-09889-0
www.arena-verlag.de

136 Seiten • Gebunden
ISBN 978-3-401-07690-4
www.arena-verlag.de